AF431856

Culture administrative

& institutions

Vanessa Nicol

Think Tanks author

Copyright © 2018 Vanessa Nicol

All rights reserved.

ISBN-13: 979-1096732074

Mai 68, murs de la Sorbonne (Les enragés)

Professeurs, vous êtes vieux ... Votre culture aussi.

Le savoir est en miettes, donc créons !!!

L'inscription sur les murs de la Sorbonne soulignait simplement que les "Evénements" étaient un phénomène générationnel, même si les dix millions de grévistes n'avaient pas tous vingt ans et que tous les jeunes n'étaient pas dans la rue.

SOMMAIRE

1 LES INSTITUTIONS EN NOUVELLE-CALEDONIE

(source www.gouv.nc)

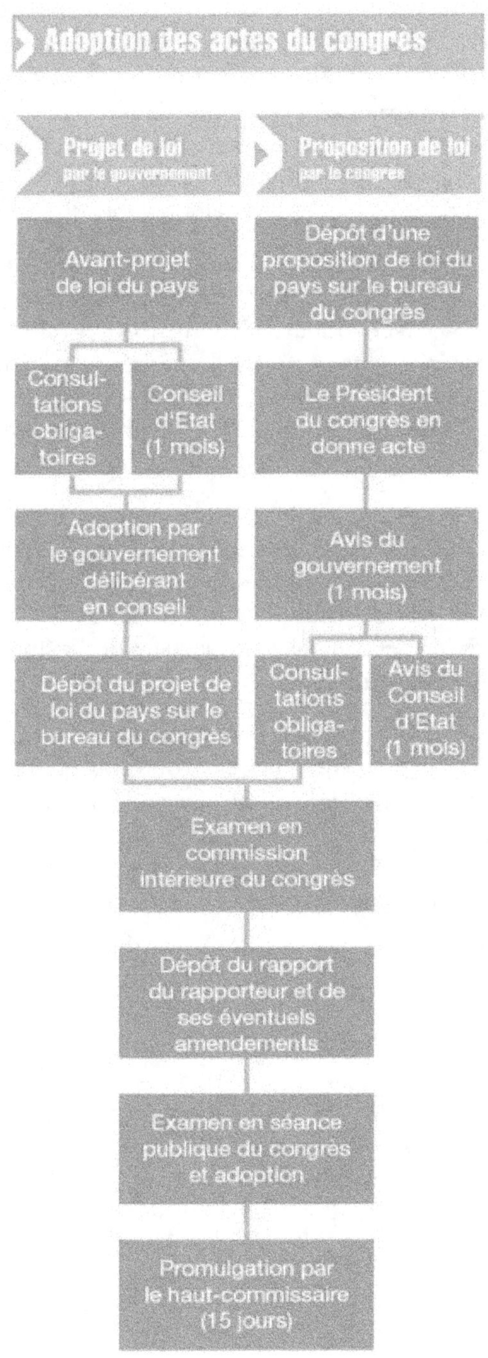
Adoption des actes du congrès
Projet de loi
par le gouvernement
Proposition de loi
par le congrès
Avant-projet de loi du pays
Dépôt d'une proposition de loi du pays sur le bureau du congrès
Consultations obligatoires
Conseil d'Etat (1 mois)
Le Président du congrès en donne acte
Adoption par le gouvernement délibérant en conseil
Avis du gouvernement (1 mois)
Dépôt du projet de loi du pays sur le bureau du congrès
Consultations obligatoires
Avis du Conseil d'Etat (1 mois)
Examen en commission intérieure du congrès
Dépôt du rapport du rapporteur et de ses éventuels amendements
Examen en séance publique du congrès et adoption
Promulgation par le haut-commissaire (15 jours)

Le gouvernement collégial est l'un des éléments les plus innovants du statut actuel de la Nouvelle-Calédonie. C'est dans sa composition que cette institution est inédite et originale. En effet, dans l'esprit de l'Accord de Nouméa, et afin que ses signataires locaux bâtissent ensemble la Calédonie de demain, ses membres, de cinq à onze, sont élus par l'assemblée délibérante au scrutin de liste à la représentation proportionnelle.

Le gouvernement représente donc sensiblement les mêmes tendances politiques que celles du Congrès et ainsi, majorité et minorité se côtoient au sein de l'exécutif. Le gouvernement calédonien est présidé par un de ses membres élu en son sein. Le statut prévoit également l'existence d'une vice-présidence chargée d'assurer l'intérim en cas d'absence ou d'empêchement du président et de présider les réunions du gouvernement en cas d'absence de ce dernier.

Le fonctionnement collégial du gouvernement se concrétise dans la disposition selon laquelle le gouvernement est chargé « collégialement et solidairement des affaires de sa compétence », le corollaire étant que ses membres ne disposent pas d'attributions individuelles. Chacun d'entre eux est chargé « d'animer et de contrôler un secteur de l'administration » qui correspond au domaine d'action qui lui a été confié.

Le gouvernement reste normalement en fonction cinq ans, c'est-à-dire jusqu'à l'expiration du mandat du Congrès. Toutefois, il est démissionnaire de plein droit en cas de démission ou de décès de son président. Une fin prématurée du mandat peut également intervenir si la majorité de ses membres décide de démissionner ou encore, suite au vote d'une motion de censure à la majorité absolue des membres du Congrès.

"Extrait de J. Page in "101 mots pour comprendre les institutions de la NC", sous la dir. de JY Faberon et F. Garde".

Les provinces

La loi référendaire du 09/11/1988, consécutivement aux accords de Matignon, a créé 3 provinces (Province Sud, Province Nord, Province des Iles Loyauté). Les assemblées des provinces (respectivement 40 membres, 22 membres et 14 membres) sont élues au suffrage universel pour une durée de 5 ans.

Extraits de LOI no 99-209 du 19 mars 1999 organique relative à la Nouvelle-Calédonie :

Article 2
Les institutions de la Nouvelle-Calédonie comprennent le congrès, le gouvernement, le sénat coutumier, le conseil économique et social et les conseils coutumiers. Le haut-commissaire de la République est dépositaire des pouvoirs de la République. Il représente le Gouvernement. La Nouvelle-Calédonie est représentée au Parlement et au Conseil économique et social de la République dans les conditions fixées par les lois organiques.

Article 3
Les provinces et les communes de la Nouvelle-Calédonie sont des collectivités territoriales de la République. Elles s'administrent librement par des assemblées élues au suffrage universel direct, dans les conditions prévues au titre V en ce qui concerne les provinces.

La Nouvelle-Calédonie est une collectivité d'outre-mer. Son organisation institutionnelle résulte aujourd'hui de l'accord de Nouméa (5 mai 1998), approuvé lors de la consultation électorale du 8 novembre 1998, a été concrétisé par la loi organique qui fixe le cadre dans lequel s'inscrira l'évolution institutionnelle de la Nouvelle-Calédonie au cours des vingt prochaines années.

En Nouvelle-Calédonie, l'Etat est compétent dans les matières énumérées limitativement par la loi et, notamment, les relations extérieures, le contrôle de l'immigration et des étrangers, la monnaie, le Trésor, les changes, la défense, la justice, la fonction publique de l'Etat, le maintien de l'ordre et la sécurité civile, l'enseignement du second degré, l'enseignement supérieur et la recherche.

Le congrès de la Nouvelle-Calédonie est formé par la réunion d'une partie des membres des 3 assemblées de provinces (respectivement 32 membres , 15 membres et 7 membres), soit 54 membres.

Le gouvernement de la Nouvelle-Calédonie
Elu par le congrès pour une durée de 5 ans, c'est l'exécutif de la collectivité de Nouvelle-Calédonie.

« Les pouvoirs propres du gouvernement sont énumérés à l'article 127 de la loi organique. Celui-ci prépare et exécute les délibérations du Congrès et de sa commission permanente. Il prend, sur habilitation du Congrès ou de sa commission permanente, les arrêtés réglementaires ou non réglementaires nécessaires à la mise en œuvre de leurs actes.

Il prend les décisions individuelles relatives au travail des étrangers.

- Il établit le programme des importations.
- Il approuve les tarifs et redevances en matière de postes et de télécommunications.
- Il organise les concours d'accès aux emplois publics de la Nouvelle-Calédonie et de ses établissements publics.
- Il détermine les modalités d'application de la rémunération des agents publics, ainsi que la rémunération des collaborateurs des membres du gouvernement.
- Il crée les charges, nomme les officiers publics et ministériels et confère l'honorariat.
- Il fixe les prix et les tarifs réglementés.
- Il fixe l'organisation des services de la Nouvelle-Calédonie
- Il détermine la nature et les tarifs des prestations des services publics de la Nouvelle-Calédonie.
- Il conclut les conventions avec les concessionnaires, les délégataires de service public et les exploitants agricoles.
- Il fixe l'objet et les modalités d'exécution ou d'exploitation des ouvrages publics et des travaux publics de la Nouvelle-Calédonie
- Il gère les biens de la Nouvelle-Calédonie.
- Il détermine les servitudes administratives au profit du domaine et des ouvrages publics de la Nouvelle-Calédonie.
- Il assure le placement des fonds libres de la Nouvelle-Calédonie en valeurs d'État ou en valeurs garanties par l'État et autorise l'émission des emprunts de la Nouvelle-Calédonie.
- Il accepte ou refuse les dons et legs au profit de la Nouvelle-Calédonie.
- Il conclut les conventions de prêts ou d'avals, dans les conditions fixées par le Congrès.
- Il se prononce sur les projets ou propositions de loi du pays, ou sur les projets de délibération du Congrès ou d'une assemblée de province, relatifs aux mines.

- Il prépare la codification des lois du pays et de la réglementation édictée par la Nouvelle-Calédonie. »

Organisation administrative

La Nouvelle-Calédonie est aujourd'hui une collectivité sui generis, qui bénéficie d'institutions conçues pour elle seule, et qui se voit transférer, de manière progressive mais irréversible, certaines compétences de l'Etat.

L'organisation institutionnelle de la Nouvelle-Calédonie est issue de la loi organique et de la loi ordinaire adoptées par le Parlement le 16 février 1999.

La loi organique répartit les compétences entre l'Etat, la Nouvelle-Calédonie, les provinces et les communes, organise le fonctionnement du gouvernement, du Congrès, du Sénat coutumier et des institutions provinciales, fixe les modalités des élections aux assemblées locales et les conditions dans lesquelles la Nouvelle-Calédonie sera appelée à se prononcer sur son avenir.

La Nouvelle-Calédonie est organisée en trois provinces (Province Nord, Province Sud, Province des Iles). Les provinces sont des collectivités territoriales qui disposent d'une compétence de droit commun, c'est-à-dire qu'elles sont compétentes dans toutes les matières qui ne sont pas réservées par la loi à l'Etat, au territoire ou aux communes. Elles s'administrent librement par des assemblées élues pour cinq ans au suffrage universel direct.

Les trois assemblées de province réunies forment en partie le Congrès du territoire qui est compétent pour gérer les affaires communes à l'ensemble du territoire. Ses compétences sont énumérées limitativement par la loi organique. Il s'agit notamment de la fiscalité, de la répression des fraudes, de la réglementation des prix, des principes directeurs du droit de l'urbanisme, de la procédure civile, de l'organisation des services territoriaux, des règles en matière de santé, d'hygiène publique et de protection sociale.

L'exécutif de la Nouvelle-Calédonie est assuré par un gouvernement collégial. Ce gouvernement de 5 à 11 membres dont un président est élu par le congrès à la proportionnelle au scrutin de liste et responsable devant celui-ci. Le haut-commissaire participe de droit aux réunions du gouvernement.

Les organismes consultatifs du territoire sont le Comité économique et social et le Sénat coutumier.

Les derniers transferts non effectués à ce jour (article 27 de la L.O.) :

- la communication audiovisuelle,
- l'enseignement supérieur,
- les règles d'administration et le contrôle de légalité des provinces, des communes et de leurs établissements publics, le régime comptable et financier des collectivités publiques et de leurs établissements publics

Au dernier stade d'évolution du statut de la Nouvelle-Calédonie, l'Etat restera compétent pour les matières régaliennes : la justice, la défense, l'ordre public, la monnaie, les relations internationales.

Il existe 33 communes en Nouvelle-Calédonie dont les actes sont soumis au contrôle de l'Etat a posteriori depuis l'extension des principaux acquis des lois de décentralisation (loi du 29 décembre 1990).

L'indépendance existe-t-elle vraiment ?

Indépendance rime avec autonomie. Ces deux termes sont employés couramment pour désigner les qualités d'une personne, d'un groupe de personnes ou d'un Etat. En effet, un individu ou un Etat indépendant signifie que chacun s'administre lui-même tout en étant libre et souverain.

Dans ce contexte, la problématique suivante se pose : l'indépendance existe-t-elle vraiment ? Quelles sont ses limites ?

Pour y répondre, nous verrons dans un premier temps les caractéristiques de l'indépendance chez un individu (I). Puis, nous étudierons, par la suite, les caractéristiques de l'indépendance pour un pays (II).

I. Les caractéristiques de l'indépendance chez un individu

Nous parlons d'une personne indépendante lorsque celle-ci n'est tributaire de personne sur le plan matériel, moral ou intellectuel. En d'autres termes, c'est la capacité chez une personne à être souverain au plan des idées, des sentiments, de la motricité et des habitudes de vie. Par exemple, lorsqu'un individu a un salaire, on dit qu'il « gagne sa vie » et qu'il est donc financièrement indépendant. Un individu peut aussi avoir une indépendance de caractère. De ce fait, il ne se sent pas lié et soumis aux autres, à la discipline morale, aux habitudes sociales, etc.

Cependant, un individu ne peut avoir une indépendance absolue. En effet, vivant en société, ce dernier a besoin d'autrui pour communiquer, échanger, interagir et donc évoluer dans sa vie personnelle.

Notons enfin que le devoir de solidarité envers nos anciens, au travers de la retraite par répartition implique une interdépendance générationnelle induite par notre fonctionnement sociétal Français. « Ainsi ne sommes-nous indépendant que lorsque nous sommes inextricablement mêlés en même temps au monde. On n'acquiert pas l'indépendance réelle en se retirant de lui, » selon Karl Jaspers.

II.   Les caractéristiques de l'indépendance pour un pays

Le terme d'indépendance est également utilisé pour caractériser la condition d'un Etat qui ne relève pas d'un autre. En effet, pour qu'un Etat devienne indépendant il suffit d'organiser un référendum d'indépendance, que ces citoyens votent en faveur de l'indépendance et que par la suite, le pays concerné fasse état de sa volonté de se détacher de son pays d'origine.

Cependant, un territoire, même souverain, est souvent rattaché à une organisation internationale comme par exemple l'ONU ou l'UE dans le cas de la France. C'est pourquoi l'indépendance d'un Etat n'est pas systématiquement absolue. De plus, concernant les pays dits ACP - Afrique, Caraïbes et Pacifique - leur gouvernance est fortement influencée par les chefferies et les royaumes ancestraux qui pèsent sur leur vie politique, malgré leur indépendance. Ils ont une existence officielle dans certains cas, officieuse dans d'autres. En tout cas, ils sont toujours respectés, voire redoutés, et l'installation des pratiques démocratiques a toujours dû composer avec cet héritage qui n'a rien, lui, de démocratique puisqu'il fonctionne sur le pouvoir du chef, ou des Anciens, qui n'est pas issu des urnes.

Pour conclure, nous insisterons sur le fait que l'indépendance d'un individu ou d'un Etat existe mais elle n'est pas absolue. En effet, l'indépendance d'un individu reste superficielle car ce dernier a besoin d'autrui pour se construire.

Quant à un Etat, malgré sa pleine souveraineté, ce dernier est rattaché à une organisation ou aux doctrines de son peuple primitif. Dans ce contexte, comment les premiers Etats indépendants ont-ils créé leur gouvernement ?

Vanessa Nicol

2 LA NOUVELLE-CALEDONIE, LA REPUBLIQUE, LEURS SYMBOLES

L'emblème de la Nouvelle-Calédonie est composé de la coquille d'un nautile, située devant un pin colonnaire (endémique à la Nouvelle-Calédonie) représenté schématiquement et la flèche faîtière d'une case kanak. Dans la partie inférieure, on peut voir la mer avec trois ondes.

La flèche kanak est généralement considéré comme un des principaux emblèmes de la population mélanésienne : il est présent sur le drapeau indépendantiste mais aussi sur les pavillons officiels des provinces Nord et des Îles Loyauté.

Les éléments de l'emblème sont repris dans le logotype du gouvernement de la Nouvelle-Calédonie. Le Congrès de la Nouvelle-Calédonie utilise une « toutoute » (sorte de conque) comme symbole.

Hymne calédonien

Paroles et musique : Chorale MELODIA

O terre sacrée de nos ancêtres, Lumière éclairant nos vies, Tu les invites à nous transmettre Leurs rêves, leurs espoirs, leurs envies. A l'abri des pins colonnaires, A l'ombre des flamboyants, Dans les vallées de tes rivières, Leur cœur toujours est présent.

Refrain en Nengone

Hnoresaluso ke'j onome Ha deko ikuja ne enetho Hue netitonelo kebo kaagu Ri nodedrane

Refrain

Soyons unis, devenons frères, Plus de violence ni de guerre. Marchons confiants et solidaires, Pour notre pays

Terre de parole et de partage Tu proposes à l'étranger, Dans la tribu ou le village, Un endroit pour se reposer. Tu veux loger la tolérance, L'équité et le respect, Au creux de tes bras immenses, O Terre de liberté.

O terre aux multiples visages, Nord, Sud, Iles loyauté, Tes trois provinces sont l'image De ta grande diversité. Nous tes enfants, tu nous rassembles, Tempérant nos souvenirs. D'une seule voix, chantons ensemble : Terre, tu es notre avenir.

Le 24 septembre : fête de la citoyenneté

Le 24 septembre 1853, le contre-amiral Febvrier-Despointes prend officiellement possession de la Nouvelle-Calédonie au nom de l'empereur Napoléon III.

C'est l'époque où les Français redécouvrent l'outre-mer et reconstituent un empire colonial pour remplacer celui qu'ils ont perdu un siècle plus tôt, lors du traité de Paris.

Sous le règne de Louis-Philippe 1er, les Français s'étaient fait doubler par l'ennemie héréditaire, la Grande-Bretagne, dans la prise de possession de la Nouvelle-Zélande.

Dès le début du Second Empire, ils organisent dans le plus grand secret, en guise de revanche, la prise de possession de la Nouvelle-Calédonie voisine.

La **citoyenneté néocalédonienne** ou **citoyenneté de la Nouvelle-Calédonie** est une qualité juridique particulière au sein de la nationalité française (la seule de ce genre), propre à la collectivité sui generis de Nouvelle-Calédonie. Il existe ainsi une triple citoyenneté : néocalédonienne, française et européenne.

La notion de citoyenneté de la Nouvelle-Calédonie a été pour la première fois définie dans l'Accord de Nouméa signé le 5 mai 1998.

« L'un des principes de l'accord politique est la reconnaissance d'une citoyenneté de la Nouvelle-Calédonie. Celle-ci traduit la communauté de destin choisie et s'organiserait, après la fin de la période d'application de l'accord, en nationalité, s'il en était décidé ainsi.

Pour cette période, la notion de citoyenneté fonde les restrictions apportées au corps électoral pour les élections aux institutions du pays et pour la consultation finale. Elle sera aussi une référence pour la mise au point des dispositions qui seront définies pour préserver l'emploi local. » Accord de Nouméa

Historiquement, le 24 septembre est une fête civile locale chômée en Nouvelle-Calédonie pour commémorer la prise de possession de la Nouvelle-Calédonie par la France le 24 septembre 1853. Cette signification étant une source de réjouissance plus pour les non-indépendantistes que pour les partisans de l'accès à une pleine souveraineté, les autorités et certaines associations (tout particulièrement le « Comité 150 ans après ») ont tenté après l'Accord de Nouméa d'en faire une célébration plus consensuelle sous le nom de « Fête de la Citoyenneté », voire de la fixer à une autre date (telle que le 26 juin, en référence du jour de la poignée de main historique entre Jacques Lafleur et Jean-Marie Tjibaou lors de la signature des Accords de Matignon en 1988).

Le point de départ de cette évolution a lieu lors du 150e anniversaire du rattachement à la France le 24 septembre 2003, lorsqu'est érigé dans la cour de l'Hôtel de la province Sud à Nouméa le *Mwâ kâ* (ce qui signifie « poteau central de la case » en langue Drubéa). Il s'agit d'un poteau sculpté totémique voulu comme l'emblème du destin commun, réalisé par des artistes kanak venus de tout l'archipel et chargé de symbolique jusque dans ses proportions (douze mètres de haut pour les douze mois de l'année, il est porté et dressé la première fois par 150 porteurs issus de toutes les communautés faisant référence au temps passé comme territoire français et son poids est de trois tonnes pour renvoyer aux trois Provinces). Il reprend en huit étages les motifs iconographiques (références à des mythes fondateurs) et les flèches faîtières représentatifs de chacune des huit aires coutumières (hiérarchisées en fonction de l'ancienneté de la colonisation par les missionnaires puis les Français, de la plus ancienne implantation européenne en bas à la plus récente en haut), surmonté d'une case miniature et planté dans un bloc de nickel (référence à la mine et au développement industriel de l'archipel) gravé d'une phrase du préambule de l'Accord de Nouméa : « *Le passé a été le temps de la colonisation, le présent est le temps du partage par le rééquilibrage, l'avenir doit être le temps de l'identité partagée dans un destin commun* ». Lors du 24 septembre 2004, le *Mwâ kâ* est déplacé à son site définitif, en face du musée de Nouvelle-Calédonie et du marché de Port Moselle à Nouméa. Il est implanté dans une pirogue de béton et végétaux dont il sert de mât, représentation du destin commun, tandis que les flèches faîtières latérales des aires coutumières sont placées par des enfants issus de toutes les communautés de la Nouvelle-Calédonie.

Par la suite, chaque année des célébrations ont eu lieu autour de ce nouveau monument le 24 septembre sous le nom de « journée citoyenne » ou « fête de la citoyenneté » (le terme est pour la première fois employé en 2006 par la vice-présidente du Gouvernement, écrivain Kanak et indépendantiste Déwé Gorodey, plus ancienne membre du gouvernement depuis sa création en 1999).

Rédaction de Culture Générale

Le 24 septembre : fête de la citoyenneté

La citoyenneté est traditionnellement définie comme un statut juridique conférant des droits et des libertés, et qui permet, ainsi, à un individu de devenir citoyen.

Face à cette définition nous pouvons nous interroger sur la nature citoyenne de la célébration du 24 septembre.

Afin de répondre à la problématique, nous aborderons la citoyenneté en Nouvelle-Calédonie (I). Puis nous approfondirons la fête du 24 septembre (II).

I . La citoyenneté de la Nouvelle-Calédonie

Les citoyens néocalédoniens disposent automatiquement de la nationalité française et donc de la citoyenneté européenne, avec les droits et libertés liés au premier et au second de ces statuts. À ce titre, ils participent aux élections nationales (élections présidentielles et législatives), aux élections du Parlement européen ou aux élections municipales.

Ils bénéficient, également, de la citoyenneté calédonienne qui offre des droits au natif du pays. Effectivement, la citoyenneté calédonienne prend en compte l'origine calédonienne c'est-à-dire les personnes de statut civil coutumier (kanak), les personnes nées ou qui ont un de ses parents né en Nouvelle-Calédonie et qui y vient. Cette citoyenneté permet de participer aux décisions politiques de l'insulaire et facilite l'accès à l'emploi, qu'il soit public ou privé.

L'Accord de Nouméa distingue deux corps électoraux réservés aux citoyens calédoniens : le corps électoral sur l'accession à la pleine souveraineté de l'article 218 de la loi organique inclus également par les personnes justifier de 20 ans de domicile continu en Nouvelle-Calédonie, et celui des élections provinciales de l'article 188 compris par les personnes résidant en Nouvelle-Calédonie depuis 10 ans. Par conséquent, les français et non citoyens, votent aux seules élections qui les concernent. Ils sont donc privés d'un droit fondamental.

De plus, les citoyens calédoniens bénéficient aussi d'une priorité d'accès à l'emploi grâce à une priorité à « l'emploi local ». Déjà appliqué dans le privé, il est récent dans la fonction publique. Ainsi, deux concours auront lieu, le premier réservé au citoyen et aux personnes justifiant d'une durée de résidence suffisante (selon le concours), et le deuxième ouvert à tous. Bien que le programme du concours soit identique, les citoyens calédoniens pourront se présenter au deux concours et ainsi multiplier leur chance de réussite.

II . <u>La fête du 24 septembre</u>

Historiquement, le 24 septembre est une fête civile locale chômée sur le territoire, pour commémorer le rattachement de la Nouvelle-Calédonie à la France le 24 septembre 1853. Les autorités et certaines associations ont tenté, après l'Accord de Nouméa, d'en faire une célébration plus consensuelle sous le nom de « Fête de la Citoyenneté ».
Le point de départ de cette évolution a lieu lors du 150e anniversaire du rattachement à la France le 24 septembre 2003, lorsqu'est érigé dans la cour de l'Hôtel de la Province Sud à Nouméa le Mwâ kâ, qui signifie « poteau central de la case » en langue Drubéa. Ce symbole fort est un signe de réconciliation entre les peuples de Nouvelle-Calédonie.
Il s'agit d'un poteau sculpté totémique voulu comme l'emblème du destin commun. Lors du 24 septembre 2004, le Mwâ kâ est déplacé à son site définitif, en face du musée de Nouvelle-Calédonie et du marché de Port Moselle à Nouméa. Par la suite, chaque année des célébrations ont lieu autour de ce nouveau monument le 24 septembre sous le nom de « journée citoyenne » ou « fête de la citoyenneté », un terme employé pour la première fois en 2006 par la vice-présidente du Gouvernement local, Déwé Gorodey. Une très forte présence du FLNKS et des Kanak en général est constaté, ainsi qu'une faible représentation du Rassemblement-UMP.
La levée des deux drapeaux sur la place du *Mwâ kâ* a eu lieu lors de la fête du 24 septembre 2010 laissant place à une polémique. En effet, les avis diffèrent, certains étant satisfaits de la démarche et d'autres considérant que le drapeau du FLNKS n'est pas un drapeau représentant le pays.
Par ailleurs, le 24 septembre 2012, le « Comité 150 ans après » avait fini par obtenir gain de cause pour organiser cette fête avec l'installation de neuf cases traditionnelles, place du Mwa Ka. Ainsi, la mairie de Nouméa avait donné son autorisation pour une installation provisoire.

Pour conclure, le 24 septembre est souvent nommé « fête de la citoyenneté ». En effet, la citoyenneté calédonienne est une qualité juridique particulière au sein de la nationalité française qui donne aux calédoniens une triple citoyenneté : néocalédonienne, française et européenne. Ainsi, la célébration du 24 septembre vise à rassembler autour de cette date historique du rattachement de la Nouvelle-Calédonie à la France. Cependant, on constate lors de cette fête une fréquentation plus grande de la population kanak que des autres ethnies. Effectivement, elle a beaucoup de mal à rassembler les diverses ethnies de la Nouvelle-Calédonie, alors qu'on recense plusieurs applications de lois ou de projet répondant au destin commun, à la cohésion et au vivre ensemble.

La dernière en date étant celle de l'avenir de l'Ecole Calédonienne (15/01/2016), instaurant l'enseignement obligatoire des fondamentaux de la culture kanak dans nos établissements.

La République et ses symboles

La Marseillaise a été composée le 25 avril 1792 à Strasbourg par Rouget de Lisle. Elle a été proclamée hymne national en 1880.

Le drapeau tricolore est né sous la Révolution, de la réunion des couleurs du roi (blanc) et de la ville de Paris (bleu et rouge). C'est le drapeau de la France depuis 1830.

La devise de la République « Liberté égalité fraternité » est inscrite dans la Constitution de la IVe République (1946) et dans la Constitution de la Ve République (1958).

Lors de la Révolution française, le bonnet phrygien a été un symbole de la liberté et du civisme jusqu'à devenir le symbole de la Révolution française. Depuis, il coiffe Marianne, figure allégorique de la République.

Le 14 juillet est devenu jour de la fête nationale par la loi du 6 juillet 1880 (IIIe République).

Les principes fondamentaux de la République française

Les principes fondamentaux de la République française sont énoncés dans sa **devise : « Liberté, Égalité, Fraternité »**. Ils se traduisent par des droits intangibles, à la fois politiques et sociaux, qui ont été reconnus aux citoyens par les différents régimes républicains. L'article 1er de la Constitution s'inscrit dans ce cadre puisqu'il proclame que « La France est une République indivisible, laïque, démocratique et sociale ».

« Une République indivisible » : aucune partie du peuple, ni aucun individu, ne peut s'attribuer l'exercice de la souveraineté nationale. Seul le peuple exerce cette souveraineté par la voie de ses représentants (ex : les députés) ou du **référendum,** procédure de vote permettant de consulter directement les électeurs sur une question ou un texte, qui ne sera adopté qu'en cas de réponse positive. L'unité et l'indivisibilité garantissent une application uniforme du droit sur l'ensemble du territoire national.

Le caractère laïque de la République découle à la fois du principe de la liberté de croyance et du principe d'égalité des citoyens devant la loi et implique la séparation des Églises et de l'État. Aucune religion n'a ainsi de statut privilégié au sein de la République et chaque individu dispose de la liberté de ses opinions et de sa foi.

Le caractère démocratique de la République implique le respect des libertés fondamentales et la désignation des différents pouvoirs au **suffrage universel.**

Suffrage universel : droit de vote accordé à tous les citoyens majeurs. (ouvert à tous les citoyens majeurs), égal (chaque électeur dispose d'une voix) et secret (chacun vote librement à l'abri de toute pression).

Enfin, **le caractère social de la République** résulte de l'affirmation du principe d'égalité. Il s'agit de contribuer à la cohésion sociale et de favoriser l'amélioration de la condition des plus démunis.

Par ailleurs, les dernières révisions de la Constitution ont introduit de nouveaux principes.

Ainsi, la révision constitutionnelle du 28 mars 2003 a établi le principe de **l'organisation décentralisée** de la République.

Celle du 1er mars 2005 a proclamé l'attachement du peuple français « aux droits et devoirs définis dans la Charte de l'environnement », dont notamment le **développement durable.**

Développement durable : développement qui répond aux besoins du présent sans compromettre la capacité des générations futures à répondre aux leurs.

Le principe de précaution : principe selon lequel l'absence de certitudes, compte tenu des connaissances scientifiques et techniques du moment, ne doit pas retarder l'adoption de mesures effectives et proportionnées visant à prévenir un risque dans les domaines de l'environnement, de la santé ou de l'alimentation.

Enfin, la **loi constitutionnelle : la loi qui modifie la Constitution** du 23 juillet 2008 a complété les dispositions en faveur de **l'égal accès des femmes et des hommes** aux mandats électoraux et fonctions électives en les étendant aux « responsabilités professionnelles et sociales » (article 1 de la Constitution).

Les pouvoirs importants du Premier ministre

La lecture de la Constitution du 4 octobre 1958 dément la critique de François Mitterrand. Son article 21 attribue en effet au Premier ministre un rôle essentiel, tandis que de nombreux autres articles lui confèrent des attributions qui le mettent au centre de tous les mécanismes du pouvoir. D'abord, « le Premier ministre dirige l'action du Gouvernement ». En principe dégagé de la gestion d'un département ministériel, il anime et coordonne le travail gouvernemental en intervenant à tous les moments de l'action, dans la définition des objectifs, dans l'impulsion, dans la prise de décision, dans le suivi de l'exécution. Il lui revient aussi d'arbitrer, par exemple en matière budgétaire, les désaccords des ministres dont il encadre et évalue l'action. Du point de vue politique, le Premier ministre incarne l'action collégiale du Gouvernement. Il a vocation à diriger la majorité parlementaire et à la mener au combat au moment des élections législatives. C'est lui également qui, après délibération en conseil des ministres, engage la responsabilité du Gouvernement sur une déclaration de politique générale, un programme ou un texte. C'est lui enfin qui, en cas d'échec politique, fait office de « fusible ». En période présidentialiste, le chef de l'État se limite normalement à définir les directions essentielles et à donner les impulsions fondamentales. D'ailleurs, il ne possède pas les moyens juridiques et administratifs d'une gestion quotidienne des dossiers gouvernementaux, tandis que le chef de Gouvernement a directement sous son autorité les services permettant de commander la machine étatique comme le secrétariat général du Gouvernement.

3 LES VALEURS AU SEIN DE L'ADMINISTRATION

La notion de service public

Activité d'intérêt général prise en charge par une personne publique ou par une personne privée mais sous le contrôle d'une personne publique. On distingue les services publics d'ordre et de régulation (défense, justice...), ceux ayant pour but la protection sociale et sanitaire, ceux à vocation éducative et culturelle et ceux à caractère économique. **Le régime juridique du service public est défini autour de trois principes : continuité du service public, égalité devant le service public et mutabilité (adaptabilité). Concernant la gratuité, les services publics administratifs d'usage collectif sont plutôt gratuits (justice, police...) alors que des services publics d'usage individuel seront en principe payants.**

Dans les années 20, face aux nombreuses activités gérées par des personnes publiques - que ce directement ou indirectement (des concessions sont conclues avec des personnes privées dans des secteurs comme l'éclairage public, la distribution de l'eau, le transport de voyageurs...) la doctrine publiciste tente de dégager des grands principes communs à toutes ces activités. Parce que l'intérêt général est poursuivi et que des personnes publiques concourent à la gestion de ces services : un travail de théorisation va être tenté notamment par le professeur Rolland qui dégage, dans les années vingt, les « lois de Rolland » ou « lois du service public ». **Ces « lois du service public » ont donc vocation à former un corps de règles communes à tous les services publics et, d'une certaine façon, à préciser le régime juridique qui leur est applicable. Sont ainsi formulés les principes de continuité, d'adaptation, d'égalité et de gratuité. La gratuité s'appliquera surtout aux services publics obligatoires et ayant un caractère administratif (enseignement notamment...).**

Le principe d'égalité a des fondements textuels solides (art 1er de la Déclaration des droits de l'homme et du citoyen). L'égalité d'accès au service public est encore aujourd'hui reconnue ; qu'il s'agisse de l'accès aux concours ou aux services publics proprement dits (pas de différence de traitement entre des personnes se trouvant dans des situations identiques : illustrations nombreuses en matière de tarification des services publics...). La neutralité du service public a été consacrée par le juge constitutionnel comme un corollaire du principe d'égalité. La laïcité est comprise dans l'exigence traditionnelle de neutralité du service public. Ainsi, un agent du service public est soumis à une obligation de réserve qui se traduira notamment, par l'obligation de ne pas porter de signes religieux ostentatoires.

L'expression service public désigne deux éléments différents : une mission, qui est une activité d'intérêt général, et un mode d'organisation consistant, de façon directe ou indirecte, à faire prendre en charge ces activités d'intérêt général par des personnes publiques (État, collectivités territoriales, établissements publics) ou privées mais sous le contrôle d'une personne publique.

Plusieurs fonctions selon un régime juridique bien fixé

Selon les finalités poursuivies, le service public remplit quatre fonctions principales. On distingue les services publics à finalité d'ordre et de régulation (la défense nationale, la justice, la protection civile, les ordres professionnels…), ceux ayant pour but la protection sociale et sanitaire (Sécurité sociale, service public hospitalier…), ceux à vocation éducative et culturelle (enseignement, recherche, service public audiovisuel…) et ceux à caractère économique.

Le régime juridique du service public est organisé autour de trois grands principes. Le premier est celui de la **continuité du service public**. Il constitue un des aspects de la continuité de l'État et a été qualifié de principe constitutionnel par le Conseil constitutionnel (1979). Il repose sur la nécessité de répondre aux besoins d'intérêt général sans interruption. Cependant, selon les services, la notion de continuité n'a pas le même contenu (permanence totale pour les urgences hospitalières, horaires prévus pour d'autres). La jurisprudence du Conseil d'État est très précise sur cette exigence : est ainsi condamné un service qui ne respecte pas les heures d'ouverture annoncées (ouverture tardive, fermeture hâtive). Toutefois, ce principe de continuité doit s'accommoder du principe, constitutionnel lui aussi, du droit de **grève : arrêt du travail par les salariés d'une entreprise ou d'un service pour la défense de leurs intérêts communs..** La plupart des agents des services publics disposent de ce droit, à l'exception de certaines catégories pour lesquelles la grève est interdite (policiers, militaires…) ou limitée par un service minimum (navigation aérienne, transports ferroviaires, télévision et radio…).

Le deuxième principe est celui de **l'égalité devant le service public**, lui aussi principe à valeur constitutionnelle, est l'application à ce domaine du principe général d'égalité de tous devant la loi, proclamé par la Déclaration des droits de l'homme et du citoyen de 1789. Il signifie que toute personne a un droit égal à l'accès au service, participe de manière égale aux charges financières résultant du service (égalité tarifaire sauf pour les services facultatifs, tels que les écoles de musique, par exemple), et enfin doit être traitée de la même façon que tout autre usager du service. Ainsi, le défaut de neutralité – principe qui est un prolongement du principe d'égalité – d'un agent du service public, par exemple une manifestation de racisme à l'encontre d'un usager, constitue une grave faute déontologique.

Enfin, le dernier principe de fonctionnement du service public est celui de **l'adaptabilité ou mutabilité**. Présenté comme un corollaire du principe de continuité, il s'agit davantage d'assurer au mieux qualitativement un service plutôt que sa continuité dans le temps. Cela signifie que le service public ne doit pas demeurer immobile face aux évolutions de la société ; il doit suivre les besoins des usagers (ex : souplesse d'organisation des services publics) ainsi que les évolutions techniques (ex : passage, au début du XXe siècle, du gaz à l'électricité).

Le service public minimum et le droit de grève

La grève est une cessation collective et concertée du travail destinée à appuyer des revendications professionnelles. Elle est reconnue aux agents publics. L'exercice du droit de grève est soumis à préavis, fait l'objet de certaines limitations et entraîne des retenues sur salaires.

Certains agents doivent assurer un service minimum (par exemple, les agents hospitaliers).

Dans les écoles maternelles et élémentaires, si l'enseignant est absent, un service d'accueil des élèves doit être mis en place par la commune ou les services de l'Éducation nationale.

En cas de grève portant gravement atteinte à la continuité du service public ou aux besoins de la population, certains agents peuvent être réquisitionnés. La réquisition peut être décidée par les directeurs des structures répondant à un besoin essentiel.

Service public et performance

Bien que le pilotage de l'action publique par les résultats ne remette pas nécessairement en cause les valeurs du service public dans leur ensemble, il suscite néanmoins des interrogations concernant la pertinence de son cadre de référence et la place de ses outils de gestion Ainsi, la gestion de la performance publique peut être envisagée comme une nécessité stratégique et opérationnelle, mais sans doute pas à n'importe quel coût social et politique.

Les réformes administratives successives engagées depuis quelques décennies et leurs effets sur la gestion et la transformation des organisations publiques invitent également à des interrogations fondamentales sur la place de la personne et des valeurs dans les systèmes de management et dans les dispositifs de gouvernance publique qui en émergent En effet, les innovations managériales introduites dans la sphère publique, bien que généralement considérées comme nécessaires sur le fond semblent quelquefois amenées à perdre de leur sens, car elles retombent dans les travers bureaucratiques qu'elles voulaient justement combattre, notamment en donnant lieu à des excès d'instrumentation, d'outillage et de contrôle procédurier.

Certaines pratiques qui revendiquent un lien avec la logique managériale, introduites plus ou moins directement par les mouvements issus de la « Nouvelle gestion publique », posent question dès lors qu'elles sont amenées à confondre fins et moyens, qu'elles oublient leur raison d'être au service du bien public, ou qu'elles provoquent des incompatibilités par des mimétismes mal gérés entre les sphères privée et publique.
Dans la sphère publique, l'accent mis sur les résultats peut questionner l'essence même du service public, fondée sur des principes d'éthique de redistribution, d'équité et de solidarité. Le pilotage par objectifs ou par résultats de l'action publique ne remet certes pas nécessairement en cause et de manière fondamentale certaines valeurs du service public, mais il peut néanmoins soulever la question de la pertinence de ses dispositifs organisationnels, de ses systèmes de gestion ou de ses outils. Dans un contexte budgétaire difficile, la recherche de la performance est envisagée comme une nécessité organisationnelle et managériale, mais son coût social et sa cohérence au regard des choix politiques et aux principes fondamentaux du service public posent en même temps ses possibles limites. Dès lors, si les outils de vérification de la gestion semblent opportuns pour donner de la rigueur et de la cohérence aux actions collectives et aux résultats obtenus, comment éviter que cette vérification ne

soit contreproductive ? Comment faire pour qu'elle ne conduise pas à des comportements et des interprétations problématiques par les acteurs qui pilotent et agissent en utilisant des indicateurs, des mesures et des méthodes d'évaluation peu ou pas pertinents et avérés Enfin comment s'assurer qu'elle maintient la qualité attendue de la relation à l'usager et qu'elle ne contredit pas la raison d'être de ces actions et les valeurs qui les sous-tendent ?

Les premières ambiguïtés à lever concernent l'articulation entre le niveau global (la société tout entière) et le niveau organisationnel (l'acteur public considéré) de la performance visée.

Dès lors, l'éthique comme la performance se décline sur au moins deux niveaux, allant du niveau collectif (l'État d'une part, l'administration de l'autre) au niveau individuel (l'agent public d'une part, le citoyen ou l'administré de l'autre).

Il serait trompeur de penser qu'il s'agit là de considérations théoriques et de préoccupations d'ordre moral, donc éloignées de la réalité politique ou managériale. Bien au contraire, ces normes suprêmes, principes directeurs et autres valeurs incarnées, se révèlent essentielles pour assurer la pérennité du contrat social à la base de toute société, ainsi que du caractère démocratique de nos systèmes politiques, et ce partant des organisations et politiques, acteurs et objets du management public. Elles garantissent également la légitimité de l'action publique pour ce qui est de sa mise en œuvre, de même que la crédibilité des détenteurs de l'autorité publique par rapport à la fonction qu'ils exercent au nom et au service de la collectivité. Par extension, elles posent les conditions du respect du citoyen pour la collectivité dans laquelle il vit ainsi que l'observation de ses conventions et lois, bref l'existence même du civisme. Chacun connaît *a contrario* les effets délétères d'une administration corrompue : c'est d'abord un facteur d'accroissement des inégalités dans la mesure où ce sont les plus pauvres, incapables de payer, qui en sont les victimes. En outre, de tels comportements nuisent gravement à la confiance des citoyens dans les institutions, avec le risque que cela comporte pour la vitalité de la démocratie.

La loi organique relative aux lois de finances (LOLF), promulguée en 2001, a modifié en profondeur les modes de gestion de l'État en passant d'une logique de moyens à une logique de résultats. Pour cela, elle prévoit une présentation des crédits selon une nouvelle nomenclature, faisant référence à la finalité des dépenses, et des règles de gestion donnant une très grande liberté aux gestionnaires.

L'efficacité dans la gestion des services publics est autant un but économique, un principe politique que, progressivement, une « loi du service public ». La mise en place de comptabilités d'exercice, de gestion des dépenses par « missions » et objectifs répond à cette recherche (la réforme au niveau de l'Etat est celle mise en place par la LOLF du 1er août 2001 ; au niveau local, l'application du plan comptable illustre également cette tendance).

Est-ce dire que traditionnellement les services publics étaient « mal » gérés? Evidemment : non. Mais la conception néo-libérale de l'économie qui est aujourd'hui dominante met en avant comme priorités la lutte contre des services déficitaires, la recherche de rentabilité.

Objectifs et indicateurs de l'action publique

La nomenclature en missions, programmes et actions apporte un gain en termes de lisibilité de l'action publique : elle permet de connaître les moyens affectés par l'État aux politiques qu'il conduit. La nomenclature précédente organisait les crédits par nature de dépenses (fonctionnement, investissements, etc.) et par ministères. Seuls quelques agrégats budgétaires donnaient une information sur les crédits affectés à des ensembles administratifs cohérents.

En regard des crédits, la LOLF prévoit un dispositif de définition et de suivi de stratégie de l'action publique : pour chaque programme, un projet annuel de performance définit des objectifs, dont la réalisation est mesurée par des indicateurs. À l'issue de l'exercice, le rapport annuel de performance mentionne les résultats. Ces documents sont annexés au projet de **loi de finances.**

Loi de finances : loi qui détermine, pour un exercice (une année civile), la nature, le montant et l'affectation des ressources et des charges de l'État, ainsi que l'équilibre budgétaire et financier qui en résulte. de l'année, comme au projet de **loi de règlement.**

Loi de règlement : Type de loi de finances qui arrête, chaque fin d'année budgétaire, le montant définitif des dépenses et des recettes de l'État, ratifie les opérations réglementaires ayant affecté l'exécution du budget, fixe le résultat budgétaire, décrit les opérations de trésorerie., et servent de base au travail de contrôle du **Parlement.**

Parlement : Organe collégial qui exerce le pouvoir législatif (adoption des lois et contrôle du pouvoir exécutif). En France, le Parlement est composé de deux chambres : l'Assemblée nationale et le Sénat.. Avec l'aide de la Cour des comptes, les parlementaires sont désormais en mesure de vérifier la formulation des stratégies, la pertinence des objectifs au regard de l'attente des citoyens, des usagers et des contribuables et de constater l'évolution des indicateurs.

Ces objectifs permettent d'aborder l'action publique de différents points de vue :

– par son efficacité socio-économique : par exemple, la réponse aux besoins de qualification supérieure, mesurée par le taux d'insertion des jeunes diplômés trois ans après leur sortie de formation initiale ;

– par la qualité du service rendu à l'usager : par exemple, l'accroissement de l'effectivité et de la qualité des décisions prises au sein des maisons départementales des personnes handicapées, mesuré par le délai moyen de traitement des dossiers déposés auprès de celles-ci ;

– par l'efficience de la gestion : par exemple, le coût kilométrique de construction des routes permet de mesurer l'objectif de réalisation au meilleur coût des projets.

Le couple liberté/responsabilité

Chaque programme est dirigé par un **responsable de programme**, chargé de son animation et responsable de l'atteinte des objectifs fixés, sous l'autorité du ministre. Afin de lui donner les moyens d'accomplir cette mission, la LOLF lui accorde une très grande liberté de gestion en lui permettant de redéployer à sa guise les crédits dont il dispose à l'intérieur du programme, avec comme seule limite de ne pas dépasser le plafond fixé pour les dépenses de personnel, et à la condition de rendre compte précisément de sa gestion à la fin de l'exercice.

Le budget est composé :

– d'un **volet performance** (déclinaison des objectifs et des indicateurs) associé à une programmation des activités à réaliser pour l'atteinte des résultats attendus ;

– d'un **budget prévisionnel** en autorisations d'engagement (AE) et crédits de paiement (CP), comportant, pour la masse salariale, un schéma d'emplois en équivalents temps plein travaillés (ETPT), indicatif s'inscrivant dans le plafond limitatif de l'**ensemble des services de l'Etat (administration centrale et services déconcentrés) placés sous la responsabilité d'un ministre** concerné ;

– d'un **schéma d'organisation financière (SOF)** détaillant la répartition des activités programmées et du budget prévisionnel associé entre les unités opérationnelles rattachées au BOP.

Cette responsabilisation assortie d'une plus grande latitude d'utilisation des moyens visait à permettre une amélioration de la gestion publique :

– en rapprochant les décisions de gestion du niveau pertinent ;

– en donnant plus de souplesse dans la gestion des crédits ;

– en intéressant les gestionnaires aux économies réalisées, et donc en favorisant l'optimisation du travail, en faisant bénéficier les agents des gains de productivité et en enrichissant le **dialogue social.**

Dialogue social : comprend tous les types de négociation, de consultation ou d'échanges d'informations entre les représentants des gouvernements, des employeurs et des travailleurs sur des questions présentant un intérêt commun relatives à la politique économique et sociale. au plan local.

Toutefois, les effets attendus ont été limités par :

– la contrainte budgétaire croissante, limitant la marge de manœuvre des gestionnaires ;

– la limitation, en pratique, de la possibilité pour les gestionnaires de recourir à la fongibilité asymétrique ;

– les rigidités induites par le cloisonnement des crédits au niveau déconcentré, en dépit de la mutualisation partielle des moyens mise en œuvre dans le cadre de la révision générale des politiques publiques (RGPP) et de l'avis préalable donné par les préfets sur chaque BOP relevant de son champ de compétence, destiné à harmoniser l'action déconcentrée de l'État.

Qu'est-ce « être responsable » ?

La responsabilité n'est pas seulement un fait, mais aussi une valeur. En tant que valeur sociale, suivant la perspective adoptée, elle peut prendre des significations diverses : elle renvoie donc inévitablement à des valeurs éthiques (ou morales), et est, pour une part, dépendante des idéaux d'une époque, de leur vivacité et de leur configuration sociale, – en un mot : de la volonté de croire de cette époque, et d'être obéie. Aussi, l'injonction sociale à être responsable, à être l'auteur d'une vie bien réglée, s'applique notamment à la question de la manière dont nous nous rapportons chacun à nous-mêmes, entre risque et transgression. Supports de la responsabilité, un individu serait « naturellement » tenu à un ensemble de devoirs ou d'obligations, y compris la toute première, l'obligation virtuellement coupable d'être « autonome », par quoi la société entend notre responsabilisation dans un système de compétition sociale.

La responsabilité est l'une des trois valeurs centrales de l'écologie politique, avec la solidarité et l'autonomie.

Elle consiste dans la prise de conscience des conséquences de nos actes présents, que ce soit pour le futur (dimension temporelle) ou pour l'ensemble des territoires affectés (dimension spatiale).

Elle suppose un système économique, juridique et politique capable de mettre en relation nos décisions avec les effets qui s'ensuivent, qu'ils soient positifs ou négatifs. Cette responsabilité s'exerce pour certains par des stratégies de développement durable, au niveau des gouvernements, des régions, ou des collectivités territoriales.

Le devoir de mémoire

Le **devoir de mémoire** désigne un devoir moral attribué à des États d'entretenir le souvenir des souffrances subies dans le passé par certaines catégories de la population, surtout s'ils en portent la responsabilité (en tant qu'États, non en tant que nations ou que régimes politiques, car c'est après un changement de régime que le devoir de mémoire, et d'éventuelles réparations, deviennent possibles). Par rapport à la tradition du droit de la paix et de la guerre, il s'oppose à la clause d'amnistie des traités de paix qui, dans un souci d'apaisement (au sens du retour à la paix), imposait formellement l'oubli de tous les griefs passés relatifs au conflit, et interdisait de les évoquer. Il entend remédier à l'amnésie collective.

Le devoir de mémoire, quand il commémore le sacrifice involontaire des victimes, diffère de certaines célébrations nationales commémoratives organisées par différents pays ou communautés pour rappeler et célébrer le sacrifice de leurs martyrs et de leurs héros, par le fait que dans le second cas ils ne sont pas des victimes et que leur sacrifice a été volontaire[2].

Le devoir de mémoire a été reconnu officiellement dans certains cas, à travers des déclarations officielles et des textes de loi (lois mémorielles) à partir de la fin du XXe siècle. En singularisant la mémoire des victimes de la barbarie nazie par rapport aux autres devoirs de mémoire, ces lois ont provoqué un débat entre les historiens et des associations représentant différentes populations victimes.

« Le passé est un phare qui guide le présent ».

Le devoir de mémoire met en relation deux termes fondamentaux : le devoir, et la mémoire. Le devoir est lié à la raison et la morale, il est le fruit d'une nécessité collective ou individuelle. La mémoire quand a elle est un élément plus subjectif, la mémoire collective étant en réalité l'addition de toutes les mémoires individuelles.

La mémoire est aussi le pilier de notre culture. Une société sans mémoire serait une société sans culture, sans histoire. « C'est en n'oubliant pas les erreurs passées que nous éviterons de les reproduire » a dit Simone Veil concernant la « Shoa ». Et cela est vrai pour toutes les « erreurs » commises antérieurement à notre temps.

Existe-t-il un « droit fondamental à la sécurité ?

La sécurité est présentée comme l'une des missions régaliennes de l'Etat, la nécessité pour l'Etat de garantir la sécurité de son peuple. C'est d'ailleurs bien ce qu'indique le législateur lorsqu'il affirme que « l'Etat a le devoir d'assurer la sécurité ». Pourtant, le même législateur n'a-t-il pas déclaré à trois reprises en 1995, 2001 et 2003 par des formulations absolument identiques que « la sécurité est un droit fondamental ». Qu'en est-il de cette affirmation d'un « droit fondamental à la sécurité » ? Doit-on la considérer comme « une simple figure de rhétorique » ou comme une simple formule « incantatoire » destinée à étancher, au moins symboliquement, une soif toujours plus grande de sécurité, ou au contraire la tenir pour juridiquement fondée et admettre l'existence d'un véritable « droit fondamental » à la sécurité ? Pour tenter d'apporter une réponse à ces questions encore convient-il de préciser ce qu'on entend par « droit fondamental » et par «

sécurité ».

Dans un contexte « d'obsession » sécuritaire marquée par la persistance de la menace terroriste, on voit se développer une inflation de lois destinées soit à prévenir soit à mieux répondre à une éventuelle atteinte à la sécurité de la collectivité. Ainsi, même s'il n'existe pas à proprement parler de mécanismes juridiques permettant de contraindre le législateur à légiférer pour assurer la sécurité sur son territoire, il faut admettre que l'exacerbation d'un sentiment d'insécurité entretenue par la permanence des menaces, notamment terroristes, et l'intolérance de plus en plus forte des individus à l'endroit de ces menaces à leur sécurité, font peser sur le pouvoir une contrainte telle qu'il semble tenu de réagir, voire d'agir, pour anticiper une éventuelle atteinte à la collectivité. **Il ne s'agit plus seulement de garantir la sécurité de la collectivité par des mesures répressives mais aussi, et surtout, de prévenir la réalisation d'une menace de moins en moins acceptée, l'Etat étant dans l'obligation de « se tenir prêt », pour reprendre le mot d'ordre de M. Nicolas SARKOZY, alors Ministre de l'Intérieur.** Dans la veine du principe de précaution, il importe que le législateur prenne toutes les mesures nécessaires afin d'éviter, autant que faire se peut, toute atteinte à la collectivité.

Comme le précise le Professeur Didier TRUCHET, « tout se passe comme si une obligation de sécurité, non exclusive mais générale, pesait sur l'Etat. Aujourd'hui l'Etat accepte de plus en plus de voir engager sa responsabilité aux fins de réparation des dommages liés aux atteintes à la sécurité que son action n'a pas permis d'éviter. Ainsi, si les victimes n'ont pas eu le droit à la sécurité, au moins pourraient-elles prétendre avoir un droit à réparation lorsque l'atteinte qu'elles ont subie est immédiatement consécutive à une carence ou une défaillance de l'Etat. Et l'on observe que c'est presque « par réflexe » que les victimes demandent à l'administration la réparation de leur préjudice, comme si s'était répandue dans l'opinion publique la conviction de l'existence d'un droit à la sécurité. Toutefois, l'étendue de cette obligation de réparation n'est pas toujours très claire. Il n'est pas aisé, en effet, de déterminer la portée de l'obligation de réparation qui incombe à l'administration lorsque l'atteinte à l'origine du dommage a été portée par une personne privée. Par exemple, une personne privée peut-elle prétendre, au nom d'une sorte de droit subjectif à la sécurité, à la réparation des conséquences dommageables d'un attentat terroriste que l'Etat n'aurait pas permis d'empêcher ? Ce serait ni plus ni moins mettre à la charge de la puissance publique une obligation de résultat : prévoir en tout lieu, à toute heure, quelles que soient les circonstances, une sécurité absolue des personnes et des biens. Tel n'est pas l'état du droit positif. Le 10 février

1982, le Conseil d'Etat, saisi d'une demande d'indemnisation de la Compagnie aérienne Air-Inter, a eu l'occasion de juger que « la difficulté de prévoir la nature, la date, le lieu et les objectifs » d'actes terroristes ne constitue pas une faute de nature à engager la responsabilité de l'Etat. A contrario, si l'Etat n'a pas une obligation de résultat lui imposant de garantir une sécurité absolue, il se doit de mobiliser des moyens suffisants pour prévenir un tel acte terroriste. La difficulté réside bien entendu dans la détermination de la frontière entre moyens suffisants et moyens insuffisants. A titre d'illustration, par un arrêt en date du 14 mars 1979, les juges du Palais Royal ont fait droit à la demande d'indemnisation de la compagnie Air-Inter pour réparer le préjudice lié à la destruction d'un de ses appareils (un Fokker 27) à la suite d'un attentat terroriste. Pour cela, après avoir pris acte de la demande de protection émise par la Compagnie et des circonstances de l'espèce caractérisées par des « risques de troubles pour la sécurité publique », les juges ont décidé que la carence de l'Etat – la suppression de tout dispositif de garde et de surveillance des installations et des pistes d'aérodrome - constituait « une faute lourde de nature à engager la responsabilité de l'Etat ». Dans une perspective similaire, on peut évoquer la modification intervenue le 23 janvier 2006 concernant le dispositif de vidéosurveillance. En effet, la loi relative à la lutte contre le terrorisme et portant dispositions diverses relatives à la sécurité et aux contrôles frontaliers prévoit en son article 2 la possibilité pour le représentant de l'Etat dans le département et, à Paris, le préfet de police de prescrire aux exploitants et gestionnaires de certaines infrastructures la mise en œuvre, de systèmes de vidéosurveillance, « lorsque l'urgence et l'exposition particulière à un risque d'actes de terrorisme le requièrent ». Dans les conditions ci-dessus mentionnées d'urgence et d'exposition particulière à un risque d'actes de terrorisme, « la mise en place d'un système de vidéosurveillance n'est pas une simple faculté, mais une obligation imposée par l'Etat ».

En définitive, les affirmations législatives d'un « droit fondamental à la sécurité » et le discours soutenu par certains en ce sens, entretiennent à la fois l'illusion sur l'existence d'un tel droit et la confusion juridique. Car, le constat doit être dressé : il n'existe pas « à juridiquement parler » de « droit fondamental à la sécurité ».

La sécurité est un devoir de l'Etat qui dans notre corpus juridique prend la forme d'un objectif de valeur constitutionnelle.

Rédaction de Culture générale

Que signifie avoir une responsabilité ?

D'après le code pénal français, un enfant de moins de treize ne peut être puni pénalement : il est jugé pénalement irresponsable. Entre treize et dix-huit ans, il peut être puni au maximum de la moitié de la peine prévue pour les personnes majeures: on parle de responsabilité partielle.

Dès lors que signifie avoir une responsabilité ?

Pour répondre à cette question, on s'intéressera à la responsabilité d'un point de vue droit et éthique (1), puis à celle dans le service public (2).

1. <u>Droit et éthique</u>

La responsabilité est d'abord le fait brut que nos actes ont inévitablement des conséquences sur nous-mêmes. Elle est l'enchaînement naturel qui existe entre l'acte et ses conséquences. Les deux valeurs que sont la liberté et la propriété sont inséparables de la responsabilité: chaque individu est responsable à l'égard des autres des conséquences de ses actions bonnes ou mauvaises, que ces actions soient volontaires ou non.

On peut distinguer deux notions de responsabilité, l'une purement juridique et l'autre relevant de l'éthique personnelle. Par exemple, une femme qui accouche sous X est dans son droit. Certains penseront que son action est immorale et irresponsable, mais elle est irréprochable juridiquement. Il s'agit d'une irresponsabilité morale relevant exclusivement d'une éthique personnelle.

2. <u>Responsabilité et service public</u>

Etre responsable au sein de l'administration, c'est être conscient des valeurs qui régissent le service public. Ils sont au nombre de trois : la continuité du service public, l'égalité devant le service public et la mutabilité (adaptabilité).

La continuité du service public repose sur la nécessité de répondre aux besoins d'intérêt général sans interruption. Toutefois, il doit prendre en compte le droit de grève dont dispose la plupart des agents des services publics, à l'exception de certaines catégories pour lesquelles la grève est interdite (policiers, militairee, etc.) ou limitée par un service minimum (navigation aérienne, transports ferroviaires, télévision et radio, etc.).

L'égalité devant le service public signifie que toute personne a un droit égal à l'accès au service, participe de manière égale aux charges financières résultant du service, et enfin doit être traitée de la même façon que tout autre usager du service. Ainsi, le défaut de neutralité d'un agent du service public, par exemple une manifestation de racisme à l'encontre d'un usager, constitue une grave faute déontologique.

En conclusion, la responsabilité n'est pas seulement un fait, mais aussi une valeur.

En tant que valeur sociale, suivant la perspective adoptée, elle peut prendre des significations diverses : elle renvoie donc inévitablement à des valeurs éthiques - ou morales -, et est, pour une part, dépendante des idéaux d'une époque, de leur vivacité et de leur configuration sociale.

Rédaction de culture générale

Peut-on intégrer la culture de la performance dans la fonction publique ?

La culture de la performance, associée aux entreprises privées semble aller de soi. De nos jours, toute personne s'étant posée la question une fois sait ce qui anime les sociétés privées, le profit.

Mais dans le cas du service public, où la recherche du profit maximum est remplacée par la recherche de satisfaction maximum du public, peut-on y intégrer la culture de la performance ?

Pour tenter de répondre à cette question, nous verrons d'abord ce que signifie la formule "culture de la performance" (I), puis nous verrons s'il est possible de l'intégrer dans le secteur de la fonction publique (II).

I. <u>La culture de la performance</u>

La culture de la performance, en clair, vise à tirer le meilleur parti de l'humain au sein d'une entreprise. L'humain étant la composante la moins imprévisible du système, et étant en même temps au cœur de ce dernier, "cadrer" efficacement l'humain revient à poser un pilier solide au cœur de l'activité professionnel. C'est sur ce pilier qu'on pourra s'appuyer pour mieux construire, ou mieux faire face aux imprévus.

Guillaume Bèque, Directeur des Ressources Humaines chez H.R. Access précise dans une de ses chroniques (journaldunet.com), qu'il y a cinq points essentiels qui peuvent permettre d'installer une culture de la performance au sein d'une entreprise.

Premièrement, donner du sens à une carrière. Les moments de flottements et d'incertitudes dans un parcours professionnel sont générateur d'anxiété et nuisent à l'implication des salariés dans leur travail. Si chaque collaborateur pouvait avoir une vision plus claire de leurs parcours, ils seraient plus performant car pleinement concentrés sur leurs tâches, et sur elles seules.

Ensuite, encourager les comportements constructifs en permettant à tous de s'exprimer et donner leurs opinions, du moment que cela soit constructif. Les "feed-back" ou retours ainsi donnés et reçus permettront d'instaurer un esprit d'équipe tourné vers les recherches de solutions.

Vient après cela une bonne gestion de la relation humaine. Une grande partie des problèmes en entreprises sont directement liés aux rapports qu'entretiennent les personnes sur leur lieu de travail. Faire en sorte que l'atmosphère au travail reste professionnelle sans que l'émotionnel, et surtout son côté négatif ne vienne polluer cette atmosphère est une problématique essentielle. Des personnes qui s'entendent mal sont moins efficaces, surtout en équipe. Il convient alors au manager de faire en sorte de gérer ces côtés négatifs, de sorte qu'ils ne prennent pas l'ascendant. Il est très important de ne surtout pas les ignorer.

Il faut également fixer des objectifs clairs, sans ambiguïtés. Comme le dit Guillaume Bèque, "des objectifs mal fixés constituent une occasion de performance ratée". Le manager fixe un objectif final, un but à atteindre, et laisse le soin à la personne de définir ses objectifs personnels à atteindre pour ensuite arriver à accomplir cet objectif global. La personne propose ses objectifs au manager, une fois ceux-ci validés ils pourront également servir de mesure de performance dans l'atteinte des objectifs fixés.

Enfin, l'utilisation des nouvelles technologies pour alléger les aspects transactionnels et managériales liées aux fonctionnements administratifs, permettrait d'optimiser le temps passé sur des tâches qui ne sont pas directement liés aux objectifs professionnels. Les nouvelles technologies ont ainsi permis de créer de nouveaux outils, le Manager Self Service (MSS), et l'Employee Self Service (ESS). Sous ces termes un peu barbares se cachent des systèmes et logiciels de gestions qui permettent aux managers d'avoir une vue plus globale et surtout plus instantanée des informations relatives à ses collaborateurs, et aux salariés d'avoir une sorte d'état de lieux de leurs situations respectives à un instant "T". Avoir toutes les informations croisées pour pouvoir gérer les départs et arrivés des salariés (formations, congés, maladies, mutations, démissions) sans avoir à multiplier les interactions et les formulaires administratifs, cela ferait gagner un temps précieux, surtout dans les structures comme la fonction publique où les procédures administratives peuvent parfois être assez chronophages.

II. <u>Le cas de la fonction publique</u>

La fonction publique est un cas un peu à part dans la quête de performance, car elle n'a pas les mêmes buts que les autres entreprises. Qualifiée parfois "d'entreprise ayant pour patron l'état", la fonction publique n'a pas pour vocation d'être rentable. Comme le souligne le référentiel Marianne, successeur de la Charte Marianne généralisée en 2005, l'objectif de la fonction publique est de "simplifier la vie des citoyens, rendre la relation avec l'administration plus agréable et valoriser le travail des agents".

Le problème qui se pose alors vis à vis de la culture de la performance dans la fonction publique est, comment faire pour optimiser le travail de l'humain dont le travail est de s'occuper de l'humain ?

Un début de réponse peut être apporté avec les nouveaux outils que sont le MSS et le ESS. Un peu à l'image de la gestion en informatique et de ce que l'on appelle les administrateurs. Grâce à ces outils d'un nouveau genre, les agents pourraient être comme les "admins" de leur propre carrière. Disposant en permanence de toutes les informations pertinentes relatives à leurs situations, présentes et à venir, cela les dégagerait d'une part importante d'anxiété nuisible à leur efficacité et, dans une certaine mesure, pourrait également alléger les formalités administratives. Comme un « superadministrateur », le manager aurait lui aussi accès à ses propres informations, mais également à toutes les informations utiles pour gérer aux mieux ses équipes. Il pourrait croiser les données entre elles pour avoir un aperçu clair de toutes les interactions en cours dans la majeure partie des niveaux dont il a la charge managériale. Il en découlerait ainsi, par cette vision claire de la situation, une meilleure implication des agents. Il sentirait aussi plus facilement leur responsabilité vis à vis de l'ensemble, plutôt que de se considérer comme un élément à part. Cet allégement de l'anxiété au quotidien, pour une structure qui a pour but d'accueillir et de servir d'autres personnes, parfois elles aussi dans des situations anxiogènes, permettrait un gain de performance notable dans la fonction publique. Par contre, ne serait-il pas plus juste de parler alors de "culture de la qualité" lorsque que l'on veut évaluer la performance du secteur public ?

Pour conclure, nous retiendrons les mots de Guillaume Bèque "il est temps de revenir au fondamental, en mettant l'humain au centre de l'entreprise et les managers au centre des rapports humains".

Dans la fonction publique, sans doute plus qu'ailleurs, l'une des conditions pour la mise en place d'une culture de la performance, serait de la concevoir dans l'esprit "par l'humain, pour l'humain". On pourra espérer voir ainsi émerger une culture de la qualité, composante indispensable ici de la performance.

4 LA NOTE DE SYNTHESE

La note en bref (source DRHFPNC)

« METHODOLOGIE ET BAREME DE CORRECTION

EPREUVE : Rédaction d'une note de synthèse

L'objectif de cette épreuve est de rechercher la capacité du candidat à :

• Analyser ; • Synthétiser ; • Structurer ses idées ; • Rédiger avec une bonne grammaire, syntaxe et orthographe ; • Utiliser un style clair.

La forme de cette épreuve :

• Le plan doit être apparent et matérialisé (titres, sous-titres, numérotation) ; • Il doit y avoir une introduction ; • Le développement comporte 2 à 3 parties ; • Il doit y avoir une conclusion dans laquelle le candidat propose une ouverture en s'appuyant sur le dossier ; • Tout apport personnel est à bannir ; • Le devoir ne doit pas dépasser 6 pages maximum ; • Les documents utilisés doivent être cités. Le numéro de l'article utilisé doit être indiqué entre parenthèse.

Barème général : Le devoir est noté sur 20.

Il est attribué :

• Une note inférieure à 5 sur 20 pour tout devoir hors sujet ; • Une note inférieure à 10 sur 20 pour tout devoir ne présentant pas de plan matérialisé ; • Une note inférieure à 10 sur 20 pour tout devoir comportant plus de 6 pages ;

Orthographe : A partir de 5 fautes, 2 points seront enlevés à la note sur 20. »

LA NOTE, UN ECRIT PROFESSIONNEL :

La capacité d'analyse, la maîtrise de la rédaction administrative et une présentation de qualité seront immédiatement perçues et appréciées.

I- L'APPRECIATION DES CAPACITES INTELLECTUELLES :

A travers la note de synthèse, un éventail très large d'appréciation des aptitudes intellectuelles des candidats s'offrent à l'examinateur. Celui-ci va pouvoir juger de la capacité de compréhension d'un sujet, **si le candidat est apte à en saisir l'idée directrice et à ne pas s'en écarter.**

Le correcteur pourra vérifier les capacités d'analyse du sujet et des textes à synthétiser et voir si le candidat peut faire preuve de discernement, d'efficacité et de sens du concret.

La note de synthèse demande **un effort d'organisation** et **de restructuration des idées éparses** contenues la plupart du temps dans des documents multiples, émanant d'auteurs divers et proposés sans ordre logique apparent. **A ce titre, le correcteur pourra jauger les capacités d'organisation et de hiérarchisation des idées.**

II - LA RECHERCHE DES APTITUDES PSYCHOLOGIQUES

L'épreuve de note de synthèse permet également de révéler certaines aptitudes psychologiques.

En effet elle incite les candidats à:
- se mettre à l'écoute des autres, puisqu'ils doivent s'efforcer, tout d'abord, de bien comprendre la logique de pensée du ou des auteurs des textes à synthétiser;
- exprimer des idées avec modération et courtoisie;

III   L'APPRECIATION   DES   CONNAISSANCES ELEMENTAIRES EN CULTURE GENERALE

L'épreuve de note de synthèse permet également aux examinateurs de déceler le niveau de culture générale des candidats.

C'est ainsi que les correcteurs pourront notamment apprécier les connaissances des candidats en français, qu'il s'agisse de l'orthographe, de la grammaire, des capacités de rédaction ou du style.

En outre, ils pourront juger de la capacité des candidats à traiter le dossier dans un contexte général et en tenant compte des aspects juridiques, économiques, professionnels et sociaux du moment.

L'objectif d'une note synthèse

La note de synthèse poursuit une finalité essentiellement professionnelle.

Il s'agit d'un exercice qui est fréquemment demandé à leurs collaborateurs par les personnels de direction.

A ce titre, la clarté, l'efficacité et la fidélité aux textes du dossier correspondent aux qualités fondamentales d'une note de synthèse correcte.

La note de synthèse est le plus souvent <u>destinée à informer</u> utilement un cadre administratif qui ne dispose pas du temps nécessaire pour prendre connaissance de l'ensemble du dossier.

L'information demandée doit être apportée avec la plus parfaite <u>objectivité</u>, ce qui, rappelons-le, interdit toute appréciation personnelle sur le sujet abordé.

A l'heure où la surinformation constitue un problème constant pour les cadres, il est d'autant plus nécessaire d'apporter l'information réclamée le plus clairement possible et avec toute la précision, la concision et la netteté du propos souhaitables. Ainsi, seul l'essentiel du dossier doit être mis en relief, en excluant toutes banalités, généralités ou bavardages.

Enfin, et c'est bien là toute la difficulté de l'épreuve de note de synthèse, celle-ci tout en étant concise, doit être suffisamment précise et illustrée pour que le destinataire, soit dispensé de se reporter au dossier et dispose <u>d'information et d'éléments directement exploitables dans la note de synthèse</u>.

Les qualités et les défauts d'une note de synthèse

En tant qu'épreuve de concours, la note de synthèse est destinée à **apprécier les capacités de jugement et l'efficacité administrative** de fonctionnaires appelés à occuper un poste de [1]responsabilité.

Il ne s'agit donc pas de mesurer des connaissances, mais plutôt de vérifier les aptitudes des candidats à:
- **comprendre rapidement un problème,**
- **situer ce problème dans un contexte,**
- **analyser les différents aspects du dossier,**
- **en faire une synthèse claire, concise et articulée autour d'un plan rationnel**
- **lorsque le sujet s'y prête, proposer une ou plusieurs solutions ou un plan d'action.**

Les qualités à rechercher et les défauts à éviter, exposés ci-après, doivent être constamment présents à votre esprit lors de la rédaction d'une note de synthèse, a fortiori pour les notes d'entraînement et pour celle du concours. Des exercices réguliers vous permettront d'atteindre rapidement cet objectif.

Les principales qualités d'une note de synthèse

- La concision

Une note de synthèse doit être concise. Les dossiers qui vous seront proposés, aussi bien à l'entraînement qu'au concours, devront être synthétisés en <u>trois à cinq pages</u> (tolérance maximale pour les candidats dont l'écriture est très large ou très étalée).

La volonté de concision, qui doit guider en permanence les rédacteurs d'une note de synthèse, les contraint à sélectionner uniquement et strictement l'essentiel du dossier. Elle interdit tout développement sur des aspects secondaires et toute digression sur des considérations sans rapport direct avec le sujet.

- La clarté et la sobriété

La richesse du vocabulaire, l'harmonie et le rythme des phrases doivent permettre au destinataire de la note d'en comprendre immédiatement les dispositions.

Le souci constant d'efficacité doit conduire les rédacteurs à employer le mot juste, à éviter tout contresens, à refuser tout détour ou complication inutile.

De même, sont prohibés l'utilisation de formules pseudo-philosophiques ou ésotériques, ainsi que l'emploi de stéréotypes et de sigles.

A titre d'exercice, il est utile que vous vous mettiez à la place du destinataire mentionné sur d'autres notes de synthèse réalisées dans votre milieu professionnel ou par d'autres candidats.

En vous plaçant ainsi dans la position du destinataire avec un œil critique, vous percevrez mieux les qualités et les faiblesses d'une note de synthèse.

- La rigueur

La rigueur est également une qualité primordiale de la note de synthèse. Cette vertu doit se concrétiser à tous les stades de la réalisation de la note.

Dans la forme tout d'abord, pour laquelle la présentation globale de la note doit correspondre **à une structure déterminée** à laquelle il convient de ne pas déroger.

Rigueur indispensable également dans le choix des mots et des expressions employés. C'est une règle fondamentale.

La rigueur dans le choix des mots rime avec précision et fidélité aux textes du dossier. En effet, dans les textes législatifs ou réglementaires, chaque mot, même le plus petit, peut revêtir une importance particulière et emporter des conséquences très lourdes. Par exemple, les verbes "pouvoir" et "devoir" ne sauraient être intervertis, de même, les conjonctions de coordination "ou" et "et" peuvent modifier largement le sens d'une phrase (exemple : l'article 28 du titre I du statut des fonctionnaires précise que le fonctionnaire "doit se conformer aux instructions de son supérieur hiérarchique sauf dans le cas où l'ordre donné est manifestement illégal <u>ET</u> de nature à compromettre gravement un intérêt public"; Dans cet exemple la conjonction "et" est particulièrement importante puisque les deux conditions "un ordre illégal et portant atteinte à un intérêt public" doivent être présentes pour qu'un fonctionnaire puisse refuser d'exécuter un ordre). **Dans une note de synthèse, le mot "et" ne saurait être remplacé par le terme "ou", sans faire preuve d'un manque de rigueur qui serait pénalisé.**

De même, l'analyse du sujet doit être effectuée de façon rigoureuse afin de cibler parfaitement le travail qui vous est demandé ainsi que l'émetteur et le récepteur de la note.

L'élaboration du plan, et par voie de conséquence la rédaction de la note de synthèse, doivent faire preuve d'une cohérence dans l'exposé des idées et des faits.

Enfin, si la note de synthèse proposée <u>implique que vous suggériez</u> une ou plusieurs solutions au problème posé, il conviendra que celles-ci soient précises, argumentées, et découlent logiquement d'un raisonnement rigoureux. Des solutions qui apparaîtraient contradictoires, démagogiques ou irréalisables dévoileraient un manque certain de rigueur de pensée. Pour éviter de tels risques, efforcez-vous de toujours penser aux différentes conséquences que peuvent comporter vos propositions : administratives, financières, économiques et sociales notamment.

<u>**Concision, clarté, rigueur et précision,**</u> **sont les vertus essentielles d'une note de synthèse réussie ; qualités que vous acquerrez progressivement au long de votre préparation.**

Les principaux défauts à éviter

L'absence de plan ou le changement de plan en cours de rédaction
Eu égard à son importance capitale, l'apprentissage de la réalisation d'un plan fera l'objet d'une partie spéciale.

Il convient toutefois de souligner dès maintenant que la construction d'un plan structuré est un élément d'appréciation fondamental de la qualité de votre copie par le correcteur.

<u>L'élaboration d'un plan et sa mise en évidence dans la note de synthèse doivent constituer vos préoccupations majeures.</u>

Dès lors que vous aurez choisi et annoncé un plan en introduction de votre note, il est impératif que vous le respectiez jusqu'au bout de la note. Un changement de plan en cours de rédaction constituerait un manque de rigueur qui pénaliserait lourdement votre copie.

Les fautes de présentation

La présentation d'un devoir est trop souvent négligée par de nombreux candidats ; c'est une situation regrettable qui leur fait perdre de précieux points et qui serait facile à éviter.

Il ne faut pas oublier que la présentation de votre copie est la première impression qui apparaîtra au correcteur. Il est donc essentiel que cette première impression soit positive.

La note de synthèse obéit à des règles de présentation spécifiques.

Elle obéit également au règles de présentation classiques, applicables à toutes les épreuves écrites, à savoir l'écriture et l'orthographe.

S'agissant de l'écriture, il est important de comprendre que les copies illisibles ou difficiles à déchiffrer réduisent sérieusement les chances de succès de leurs auteurs. L'orthographe représente un aspect important des devoirs.

Ménagez-vous toujours une dizaine de minutes pour relire votre copie à là fin de l'épreuve, ce conseil permet de corriger bien souvent de nombreuses fautes qui ont pu s'immiscer au cours de la rédaction effectuée en temps réduit. **Cette dernière relecture vous permettra peut-être de grappiller le point nécessaire pour réussir le concours.**

L'erreur de destinataire

Il est très important que les candidats comprennent bien la situation administrative et globale dans laquelle leur note va venir s'insérer. Une lecture attentive et rigoureuse du sujet permet d'éviter ce genre d'erreur tout à fait regrettable.

L'erreur de contenu

Il s'agit là de notes qui ne répondent pas au sujet posé, selon trois hypothèses :

1) Le sujet n'est pas traité.

2) Le sujet est partiellement traité (la note occulte un aspect important du sujet).

3) Le sujet est trop élargi.

Là aussi, une lecture attentive du sujet et l'application des conseils qui sont formulés tout au long de la préparation au concours, permettront d'éviter ce genre d'erreur.

CONSEILS et METHODES

Priorité : déterminer un plan de la note.
Objectif : Commencer à rédiger le plus tôt possible

Trois méthodes pour élaborer le plan :

Méthode puzzle pivot (3 heures)

Temps (3 heures d'épreuve)	Actions
30 minutes	A partir du document pivot (le plus général au sujet) et des titres des documents, j'établis un plan brouillon. Je vérifie si mon plan fonctionne en y répartissant l'ensemble des documents du dossier. J'élargis mon plan si besoin. Je donne un code couleur à chaque sous-parties pour surligner les éléments au fur et à mesure de la lecture des documents.
15 minutes	Je rédige mon introduction.
60 minutes	Je lis les documents se rapportant au I-A et I-B et rédige ces sous-parties.
60 minutes	Je lis les documents se rapportant au II-A et II-B et rédige ces sous-parties.
15 minutes	Je relis le sujet et l'introduction et rédige la conclusion.

La relecture se fait au fur et à mesure de l'écriture pour corriger toute faute d'orthographe / grammaire / syntaxe.

Méthode puzzle survol (3 heures) :

Temps 3 heures d'épreuve	Actions
30 minutes	A partir d'une lecture rapide des titres et de chaque document, j'établis un plan brouillon. Je vérifie si mon plan fonctionne en y répartissant l'ensemble des documents du dossier. J'élargis mon plan si besoin. Je donne un code couleur à chaque sous-parties pour surligner les éléments au fur et à mesure de la lecture des documents.
15 minutes	Je rédige mon introduction.
60 minutes	Je lis les documents se rapportant au I-A et I-B et rédige ces sous-parties.
60 minutes	Je lis les documents se rapportant au II-A et II-B et rédige ces sous-parties.
15 minutes	Je relis le sujet et l'introduction et rédige la conclusion.

La relecture se fait au fur et à mesure de l'écriture pour corriger toute faute d'orthographe / grammaire / syntaxe.

Méthode tableau (4 heures) :

Temps 4 heures d'épreuve	Actions
1h30	A partir d'une lecture approfondie de chaque document, du plus général au particulier de préférence, je surligne les idées phares et établis un tableau avec les idées principales surlignées par document.
20 minutes	J'élabore un plan et vérifie si mon plan fonctionne en y répartissant l'ensemble des documents du dossier. J'élargis mon plan si besoin.
2h10	Je rédige l'intégralité de la note.

La relecture se fait au fur et à mesure de l'écriture pour corriger toute faute d'orthographe / grammaire / syntaxe.

LA STRUCTURE D 'UNE NOTE DE SYNTHESE

La structure type d'une note de synthèse est facile à apprendre et à retenir.

Toute note de synthèse doit se diviser en une introduction, un développement et une conclusion. Le plan doit être apparent.

L'INTRODUCTION

L'introduction d'une note de synthèse doit être courte et particulièrement soignée. Dans ces conditions, une introduction qui remplirait une page ou même trois quarts de page apparaîtrait tout à fait disproportionnée et injustifiée.

La première vocation de l'introduction est de situer le sujet.

La seconde fonction de l'introduction est d'annoncer le plan de votre développement.
Il s'agit là d'un point fondamental, le lecteur d'une note de synthèse doit comprendre dès la fin de l'introduction les deux grands thèmes que vous allez développer.

En application de ces principes, l'introduction ne devra comporter qu'une, deux ou trois phrases parfaitement ciblées :
- une ou deux phrase pour situer le sujet,
- une phrase ou deux pour annoncer le plan.

Une introduction de 5 à 12 lignes (selon l'écriture des candidats) représente la longueur suffisante et idéale.

Eu égard à l'importance que revêt l'introduction d'une note de synthèse (premières phrases lues par le correcteur) il est tout à fait conseiller de rédiger celle-ci au brouillon.

LE DEVELOPPEMENT

Dans la plupart des cas, **il est préférable d'organiser le plan du développement en deux parties.**

Dès lors, hormis les cas, très rares, où le sujet de la note appelle de manière impérative un plan en trois parties, il vous est vivement conseillé de structurer votre plan en deux parties.

Ces deux parties doivent elles-mêmes être subdivisées en deux ou trois sous-parties.

Il est important de se souvenir que les correcteurs sont eux-mêmes des fonctionnaires français formés dans des écoles dont les enseignements dispensés sont relativement uniformes quant à la façon d'aborder et de traiter les dossiers.

Il serait donc très risqué de vouloir se montrer original quant à la structure de vos notes de synthèse. Concentrez plutôt vos efforts de différenciation sur le contenu de votre plan et de votre note. Les moyens de parvenir à la réalisation d'un plan pertinent seront développés dans une partie plus spécialement consacrée à ce thème.

S'agissant de la seule structure de votre plan et de votre note de synthèse, <u>vous devez mémoriser dès maintenant l'articulation exposée ci-après.</u>

LA CONCLUSION

La conclusion ne doit en aucun cas aborder un nouvel élément du dossier, cela signifierait que le candidat n'a pas pu, ou pas su, traiter l'ensemble du sujet dans le développement de la note.

STRUCTURE ET PLAN DE LA NOTE DE SYNTHESE REDIGEE

<u>INTRODUCTION</u> (doit annoncer clairement les deux grandes parties du plan)

ESPACE DE 2 LIGNES

<u>DEVELOPPEMENT</u>
1ère partie

1ère sous partie

ESPACE DE 1 LIGNE

2ème sous partie

 ESPACE DE 2 LIGNES

2ème partie
1ère sous partie

ESPACE DE 1 LIGNE

2ème sous partie

ESPACE DE 2 LIGNES

<u>CONCLUSION</u>

Dès le premier devoir, efforcez-vous de respecter cette structure, sur le fond en dégageant deux idées essentielles qui constitueront les deux grandes parties de votre note de synthèse ; dans la forme également <u>en laissant des espaces très apparents</u> entre chaque partie et chaque sous-partie de votre devoir, comme indiqué dans le schéma présenté.

<u>**Un trait horizontal clôture la note de synthèse.**</u>

Exemple de note de synthèse (note reçue 17/20, Auteure : Vanessa Nicol)

Note de synthèse

Quelle pourrait être votre conception d'une école Nouvelle océanienne ?

Que retenir des conclusions de l'Organisation de Coopération et de Développement Économiques (OCDE) à l'égard de notre École Républicaine ? Comment accepter notre PISA Choc (Program for International Student Assessment), à l'instar de l'Allemagne en 2001, pour tendre vers une École plus juste, adaptée aux besoins économiques et à ceux des élèves tout à la fois. Cette école Nouvelle est-elle concevable ou utopique ?

Le rapport de l'OCDE issu des résultats PISA 2012 est catégorique : la France est la championne des inégalités scolaires. L'écart moyen de performance y est établi à 24% entre le quart des enfants les plus défavorisés et le quart des plus favorisés. Cet écart est de 5% en Corée et 16 % en Allemagne. Des chiffres qui vont bien à l'encontre des principes de notre École Républicaine.

La présente note s'attachera tout d'abord à répondre à la question 'Pourquoi investir l'éducation ?' (I), en précisant les raisons et objectifs visés (A), ainsi que les limites (B) à attendre de cet investissement. Dès lors, une autre interrogation se pose, 'Investir, oui. Mais pour quelle École ?' (II). Il s'agit là d'adapter l'école aux défis d'aujourd'hui et de demain, un challenge à part entière (A). Pour ce faire, nous devons également connaître les défauts majeurs de notre système éducatif (B).

I / Pourquoi investir l'éducation ?

I-A) Les raisons et les objectifs visés

Investir l'éducation aurait pour objectifs de réduire les inégalités scolaires, d'augmenter le capital humain de tous les élèves, y compris les enfants défavorisés, en vue d'une croissance macroéconomique d'une part, augmentation du Produit Intérieur Brut (PIB) et productivité, et microéconomique d'autre part, augmentation des revenus des individus. En

2011, Hanushek et WoeBmann ont modélisé la relation entre le taux moyen de croissance et les mesures de qualité du capital humain. D'après une analyse France Stratégie portant sur 160 pays appliquant ce modèle, une corrélation forte est constatée entre le PIB et le niveau d'éducation d'un pays. L'organisme gouvernemental propose de s'orienter vers une réforme éducative visant à améliorer le capital humain, mesurée par une augmentation du score aux tests internationaux PISA, permettrait une croissance moyenne de 1,5 % par an à long terme et une augmentation du (PIB) entre 3,90 % et 8,90 % d'ici à 2050. Pour autant, dans les années 2000, si l'effet positif et significatif de l'éducation sur la croissance est certes constaté, l'amplitude des résultats sur la croissance d'un pays par l'investissement dans son capital humain varie selon la méthode de mesure utilisée.

I-B) Les limites

En effet, l'éducation est difficilement isolable comme seul facteur de cette croissance et les estimations de son effet induit sur l'élévation salariale pourraient être surévaluées. À ce sujet, un consensus est établi sur la relation entre le niveau d'études et le revenu individuel, de l'ordre de 5 à 20 % en plus par année d'étude supplémentaire. Dès lors, une autre question se pose : l'éducation augmente-t-elle de manière équivalente productivité et salaire ? En Belgique, Rycx et al (2015) corroborent ces données en allant plus loin, précisant "un effet plus important d'une augmentation de l'éducation sur la productivité que sur le coût du travail." Cependant, si la corrélation entre le PIB d'un pays donné et son niveau d'éducation est qualifiée d'importante, voire forte, la relation de causalité reste encore à prouver. Aussi, l'inverse n'est pas exclu. La croissance peut permettre d'allouer davantage de moyens publics vers l'éducation, favorisant ainsi la production d'un capital humain plus instruit. Enfin, toute réforme a un coût, et la croissance du PIB projetée par France Stratégie ne tient pas compte de cet investissement. De plus, les données ne sont valables qu'à la condition d'une progression des connaissances et des compétences de tous les élèves et d'une réduction des inégalités scolaires d'origine sociale.

Les tests PISA nous apportent des indicateurs significatifs de réussite pour réformer ou faire évoluer notre École. Pour autant, la diversité des modèles de performances contredit indiscutablement l'hypothèse d'un modèle performant unique. Comparons par exemple la Corée et la Finlande. Les résultats des élèves y sont élevés et l'équité satisfaisante. Cependant, l'une fonde son école sur la mémorisation, la répétition et l'hyper compétition, l'autre sur la confiance en la capacité de son public scolaire et en le professionnalisme de ses enseignants, sans compétition (les notes n'apparaissant qu'à partir de 14 ans comme indicateur d'orientation des élèves). Devant ces modèles différents et performants, nous comprenons toute l'importance d'identifier le type de système éducatif qui reflèterait au mieux nos valeurs Française et Océanienne.

II / Investir, oui. Mais pour quelle École ?

Au-delà des classements internationaux et des valeurs promulguées au sein de chaque système éducatif, un défi commun est identifiable : la nécessité d'adapter notre École.

II-A) Adapter l'école aux défis d'aujourd'hui et de demain, un véritable challenge

Si on ne peut aveuglément copier-coller un système éducatif, dans son article publié en 2014 par le magazine Sciences Humaines, Cécile Peltier s'attache à mettre en lumière, avec des exemples concrets, l'importance d'adapter notre école aux défis d'aujourd'hui. C'est ce qu'ont réussi à accomplir, et poursuivent, certains pays tels que le Québec, l'Allemagne, la Corée, la Pologne et la célèbre Finlande, pour diminuer les écarts d'apprentissages entre les élèves quelle que soit leur origine sociale. Si nous devions analyser un de ces pays à la loupe, nous choisirions probablement l'outre-Rhin. Pourquoi ? Comme en France, l'Allemagne a été offensée par son PISA Choc en 2001, lorsqu'elle elle a reçu sa palme des inégalités scolaires dues aux inégalités sociales. Le pays s'est alors mis à la tâche pour réformer son système éducatif (création des écoles maternelles, de l'aide aux devoirs par l'enseignant au sein de l'école, de services d'évaluation pour accompagner les établissements sur leurs points faibles, assouplissement de l'orientation des élèves, formation des maîtres à l'hétérogénéité du public scolaire et à l'analyse des difficultés des élèves pour y remédier). En 2013, l'OCDE note une progression générale des résultats, et insiste sur les progrès constatés des enfants de milieux défavorisés ou issus de l'immigration, avec un bémol quant aux inégalités entre filles et garçons en mathématiques et entre les écoles. Aujourd'hui, le modèle Allemand enregistre une insertion professionnelle satisfaisante, avec toutefois un engouement trop prononcé pour les études universitaires affectant cette insertion.

II-B) Les défauts majeurs de notre système éducatif

Depuis le rapport PISA 2012, une question demeure : la France est-elle prête à engager la réforme qui améliorera son système éducatif efficacement ? Le texte récent de Michaël Behrent (2014) corrobore l'idée d'une école Française contemporaine encore marquée de l'héritage du sociologue Durkheim (1858-1917), dans laquelle l'erreur est difficile à accepter, les savoirs sont transmis verticalement et où l'école est avant tout un lieu de transmission de savoirs éprouvés. Lors d'un entretien recueilli par Audrey Minart, l'historien Marcel Gauchet affirme que la méritocratie demeure au cœur du système scolaire, peinant à corriger le poids des déterminismes sociaux, malgré son ambition affichée d'égalité pour tous les élèves. Pire encore, il n'hésite pas à affirmer qu'en France, les enfants restent passifs en classe, en dépit des méthodes actives. Aussi, il appelle à la prudence quant aux risques de creuser davantage les inégalités scolaires par la pédagogie active, telle qu'appliquée aujourd'hui, chaque élève ne pouvant construire seul ses connaissances. Selon l'historien, pour la France, l'enjeu est de trouver un juste équilibre entre une pédagogie de la mobilisation des élèves, tout en restant dans un cadre de transmission assuré et maîtrisé. De ce point de vue, l'idée date du début du XXème siècle, et Marcel Gauchet rejoint en ce point l'École active d'Adolphe Ferrière (1922). Cette École active, que ce dernier appelle de ses vœux avec ferveur, est un lieu coopératif d'apprentissage, dont le travail découle d'une activité organisée par l'enseignant, visant à faire naître chez le jeune le besoin, et donc la volonté, d'apprendre. Ce concept part du postulat de la curiosité naturelle de l'enfant, de la nécessité de donner du sens aux apprentissages - l'enfant ayant besoin d'en palper l'utilité - pour le motiver à résoudre un problème concret par des connaissances et des compétences nouvelles à acquérir. Les précurseurs de cette activité spontanée, personnelle et productive de l'enfant pour apprendre ne sont autres que Montaigne, Rousseau, Locke, Pestalozzi, Fichte ou encore Froebel. Selon ces philosophes, sociologues et pédagogues, l'enfant ne possède vraiment que ce qu'il a assimilé par un travail personnel. Ferrière insiste également sur l'importance d'une école riche en activité variées, du palpable vers l'abstrait, en s'appuyant sur la science et la psychologie de l'enfant pour adapter les situations à son âge, ou encore sur le rôle de la salle de lecture, qui devrait être au centre de l'école, comme lieu de recherches ou de lectures personnelles, permettant à l'enfant de "savoir perdre son temps" judicieusement, selon la formule d'Emerson.

Enfin, si l'on sait que la confiance et la bienveillance des adultes sont favorables à l'épanouissement de l'enfant, il s'agit de croire au potentiel de chacun, comme en Finlande, où les réformes du système éducatif défient toutes les limites en termes de confiance à l'égard des capacités des élèves à progresser, de liberté pédagogique accordée aux maîtres, dont le métier est reconnu comme fondamental par la société tout entière, allant jusque l'impensable en France, l'absence de contrôle pédagogique par une inspection.

Pour conclure cette note, nous insisterons sur le fait que toute augmentation de la dépense en éducation ne saurait garantir à elle seule l'augmentation de performance des élèves.

Comme Glewwe, Hanushek, Humpage et Ravina (2013) l'affirment, un schéma "clé en main" efficace et ciblé d'attribution de ressources en éducation est improbable et il appartient à chaque pays d'adapter son système éducatif à ses besoins et son contexte.

Note inédite Prépa concours 2018

Sujet : Vous êtes chargé de mission au sein de la province Sud. Votre chef de service vous demande de rédiger à son attention, exclusivement à l'aide des documents joints, une note sur les pouvoirs du maire et les mesures nouvelles pour lutter contre la délinquance.

Résumé des documents

Document 1 : extraits Code des communes Nouvelle-Calédonie, articles L131. Les pouvoirs généraux du maire en matière de police, et notamment de lutte contre la délinquance, au sein de la commune.

Document 2 : extraits du Code des communes Nouvelle-Calédonie, articles L132. Les pouvoirs de police dans les communes où est instituée une police d'Etat.

Document 3 : extraits de la loi n° 2007-297 du 5 mars 2007 relative à la prévention de la délinquance. La place du maire auprès des conseils pour les droits et devoirs des familles (CDDF), les mesures d'accompagnement en économie sociale et familiale et l'accompagnement parental qu'il peut décider pour soutenir les familles en difficulté

Document 4 : « L'établissement des systèmes de vidéo protection par les collectivités territoriales après la LOPPSI 2 » (article de Gabriel Benesty paru dans Actualité juridique – Collectivités territoriales, 2011, p. 322, extraits) Les conditions pour installer un système de vidéo protection (définition des « voies publiques » et des « lieux et établissements ouverts au public »). La vidéo protection s'appelait avant « vidéosurveillance » : l'appellation a été adoucie pour être moins agressive (on vous protège, on ne vous surveille pas).

<u>Remarque :</u> La loi dite LOPPSI 2 est la loi n° 2011-267 du 14 mars 2011 d'orientation et de programmation pour la performance de la sécurité intérieure. La loi dite LOPSI (avec un seul P) est la loi n ° 2002-1094 du 29 août 2002 d'orientation et de programmation pour la sécurité intérieure.

Document 5 : « Le maire et la prévention de la délinquance » (article paru dans Le Courrier des maires et des élus locaux, juin 2011, extraits) Les pouvoirs des policiers municipaux, les contraventions qu'ils peuvent constater, les conditions autorisant le port d'armes (et quelles armes), les obligations de la commune disposant d'armes, le cadre relatif aux contrôles et vérifications d'identité.

Document 6 : agir contre la délinquance, article extrait du Mag Sud, magazine de la province Sud. Face au constat d'augmentation de la délinquance, l'assemblée de la province Sud propose un plan d ;'actions, avec des trois priorités et un budget important.

Document 7 : extraits du site du congrès, le plan territorial de lutte contre la délinquance est adopté. La coordination des acteurs et des moyens y est essentielle, selon quatre axes majeurs.

Document 8 : extrait de la Loi organique de 1999 (art 21), les compétences régaliennes de l'Etat en Nouvelle-Calédonie y sont précisées, dont le maintien de l'ordre. La Nouvelle-Calédonie est une collectivité d'outre-mer à statut particulier. Son statut unique résulte de l'accord de Nouméa (5 mai 1998), approuvé lors de la consultation électorale du 8 novembre 1998. La loi organique n° 99-209 du 19 mars 1999 fixe le cadre dans lequel s'inscrit l'évolution institutionnelle de la Nouvelle-Calédonie pour vingt ans. En Nouvelle-Calédonie, l'État est compétent dans les matières énumérées limitativement par l'article 21 de la loi organique, et notamment le contrôle de l'immigration et des étrangers, la monnaie, le Trésor, les changes, la défense nationale, la justice, la fonction publique de l'État, le maintien de l'ordre et l'enseignement supérieur et la recherche.

Document 9 : Plan territorial de sécurité et de prévention de la délinquance 2018-2022 *(gouv.nc)*. Focus sur les principales actions qui seront menées pour lutter contre la délinquance en Nouvelle-Calédonie, tout en adaptant les réponses aux besoins spécifiques du territoire.

Document 10 : « L'Etat veut s'engager contre la délinquance » *(la1ere.francetvinfo.fr/ nouvellecaledonie)*. La lutte contre l'insécurité est bien une priorité de l'Etat. En 2017 encore, la délinquance en Nouvelle-Calédonie se caractérise par une forte prégnance des cambriolages et en particulier des locaux professionnels, les vols liés aux véhicules et enfin les violences physiques non crapuleuses. Une délinquance mouvante à laquelle il faut s'adapter. Les services de l'Etat ont présenté une série de mesures pour cette année 2018.

Document 11 : « Comptez-vous donner aux maires calédoniens les compétences en matière de tranquillité publique ? » *(la1ere.francetvinfo.fr/ nouvellecaledonie)* Le député Philippe Dunoyer a demandé l'autorisation pour les maires de Calédonie d'instaurer des couvre-feux pour les mineurs. Réponse du Ministre de l'Intérieur : une concertation avec les autorités locales sera réalisée avant toute prise de décision.

Document 12 : Questions Ordre public *(nouvelle-caledonie.gouv.fr)* En droit administratif, l'ordre public est l'état social idéal caractérisé par le bon ordre, la sécurité, la salubrité, et la tranquillité publique. Ce document permet de mieux comprendre les compétences de chacun en matière de maintien de l'ordre.

Note : Les pouvoirs du maire et les nouvelles mesures pour lutter contre la délinquance en Nouvelle-Calédonie

Les pouvoirs du maire, pour lutter contre la délinquance, sont principalement régis par le code de la sécurité intérieure et par la loi n° 2007-297 du 5 mars 2007 relative à la prévention de la délinquance.

Quelle est la situation relative à la délinquance depuis ces cinq dernières années ?

Pour y répondre, dans un premier temps, nous citerons les textes règlementaires (I/A) et les structures (I/B) pour mener au mieux la prévention de la délinquance. Dans un second temps, nous développerons le moyen matériel principal (II/A) et les moyens humains pour lutter contre la délinquance (II/B).

I- Les textes réglementaires et les structures
I/A- Les textes réglementaires

Le maire, par son pouvoir de police, exerce des missions de sécurité publique et de prévention de la délinquance. A cette fin, il s'appuie sur des lois, sur le code de la sécurité intérieure, sur des décrets, etc. C'est ainsi, que la loi n° 2007-297 du 5 mars 2007, relative à la prévention de la délinquance, permet au maire de collecter des informations judiciaires, sociales ou scolaires, sans que le secret professionnel ne puisse lui être opposé. Certaines infractions sont régies par cette loi, telles que le vol avec violence, la dégradation de biens, l'agression sexuelle, la délinquance en col blanc et vise également la délinquance des mineurs. Dès qu'un délit est constaté, le maire est avisé par le procureur de la République, l'infraction commise est classée selon sa nature (Document 10). Le maire, coordonnateur de la politique de prévention de la délinquance de proximité, invoque, si nécessaire, le décret du 14 février 2008 qui lui confère les droits de mettre en place un fichier informatique relatif à l'obligation scolaire (Document 10). Enfin, le maire peut se fonder sur le code général des collectivités territoriales qui renforce le pouvoir de la police municipale dans le maintien de l'ordre, de la sécurité ou de la sûreté (Document 1).

Pour autant, les textes législatifs sont insuffisants pour faire appliquer les droits et les obligations des citoyens. C'est ainsi que le maire s'est doté de structures pour exercer son pouvoir du maintien de l'ordre.

I/B- Les structures

Les structures associées aux différentes actions menées par le maire pourraient répondre à la lutte contre la délinquance avec le concours de plusieurs acteurs. Ainsi, les structures telles que, le Conseil Local de Sécurité et de Prévention de la Délinquance (CLSPD), créé en 1983, anciennement nommé Conseils Communaux de la Prévention de la Délinquance (CCPD), réfléchit à la définition des priorités dans la lutte contre l'insécurité et de la prévention de la délinquance dans la commune. Le maire participe également à des Groupes de Traitement Local de la Délinquance (GTLD), créés par circulaire interministérielle du 28 octobre 1997, qui fonctionnent sur une durée limitée (douze à dix-huit mois). Le GTLD a pour objectif de passer en revue les évènements écoulés et les suites judiciaires données aux délits (Document 10). Ces structures sont notamment accompagnées par des organismes, tels que le Conseil pour les Droits et Devoirs des Familles (CDDF), qui souhaitent l'implication des familles. Ainsi, le maire propose aux parents du mineur un accompagnement parental offrant un suivi individualisé grâce à des actions de conseil, de soutien à l'éducation, d'aides à la médiation familiale par le biais de stages parentaux. A l'issue de ce stage, il est délivré une attestation aux parents qui s'engagent solennellement à exercer leur autorité parentale (Document 10). Notons par ailleurs, que selon le Secrétaire Général du Comité Interministériel de Prévention de la Délinquance (SGCIPD), le maire peut rappeler à l'ordre les mineurs qui troublent la tranquillité de sa commune (Document 10).

Les textes déterminent les périmètres d'application des règles dans la prévention de la délinquance. Les structures proposent des actions d'accompagnement pour les familles en difficulté. Pour prévenir la délinquance, un moyen matériel principal et des moyens humains permettent d'assurer l'ordre public.

II-Le moyen matériel principal et les moyens humains
II/A- Le moyen matériel principal

L'installation de systèmes de vidéoprotection pourrait prévenir la délinquance. Pour ce faire, les collectivités territoriales doivent s'assurer que c'est pour répondre au maintien de l'ordre public de manière circonstanciée, soit dans des lieux définis prévus par la loi et par des personnes autorisées. L'exploitation des images et des films seraient accessibles dans le cadre d'une requête et sous le contrôle d'un magistrat, d'un procureur ou d'un juge d'instruction (Document 5). Les systèmes de vidéoprotection sont financés par un Fonds Interministériel de Prévention de la Délinquance (FIPD) pour un montant de 30 millions d'euros. A la demande de l'Association des Maires de France (AMF), 50 millions d'euros ont été budgétés en 2011. Selon certains élus, la vidéoprotection est un instrument efficace de prévention, de dissuasion et d'élucidation (Document 7).

Enfin, en complément de ce matériel, pour lutter contre la délinquance, des moyens humains concourent à cette prévention.

II/B- Les moyens humains

Le maire concourt, par son pouvoir de police, à l'exercice des missions de sécurité publique et de prévention de la délinquance. En effet, la police municipale, avec le concours de la gendarmerie nationale, peuvent enregistrer des infractions causant un trouble à l'ordre public commises sur le territoire de sa commune (Document 2). Notons également que le maire préside le CLSPD qui a pour missions d'échanger les informations, les compétences des collectivités publiques, des établissements et des organismes intéressés. Ainsi, le maire impulse et coordonne la mise en œuvre des actions proposées (Document 2).

Pour conclure, le maire a les pouvoirs pour lutter contre la délinquance grâce à l'application de textes règlementaires, aux structures, aux moyens matériels et humains.

Notons, enfin que la ville de Lyon est la plus dotée en nombre de caméras. C'est ainsi qu'elle bénéficie d'un Centre de Supervision Urbaine (CSU) qui a affecté des employés spécialement attachés au visionnage des images. L'installation des vingt-deux caméras se justifierait par le flux important de la population (Document 9). Egalement, le renforcement de la prévention par celui du lien social est une piste d'actions encourageantes.

5 LA REDACTION DE CULTURE GENERALE

Source : DRHPPNC

« **EPREUVE : Réponses à 3 à 5 questions de culture générale**

L'objectif de cette épreuve est de rechercher chez le candidat :

• L'intérêt qu'il porte aux problèmes de son temps ;

• Sa capacité à comprendre l'environnement dans lequel il vit ;

• Sa capacité à organiser ses réflexions en : o structurant ses idées ; o en rédigeant avec une bonne grammaire, syntaxe et orthographe ;

en utilisant un style clair.

La forme de cette épreuve pour chaque question :

• Le plan doit être apparent et matérialisé (titres, sous-titres, numérotation) ;
• Il doit y avoir une introduction ;

• Le développement comporte 2 ou 3 parties ;

• Il doit y avoir une conclusion ;

• Le style doit être neutre, sobre et précis et entièrement rédigé (pas de style télégraphique).

Barème général : Le devoir est noté sur 20. Les points sont répartis entre les 3 à 5 questions et précisés sur le sujet.

Pour chaque question, il est attribué :

• Une note égale à 0 sur 20 pour un hors sujet ;

• Une note inférieure à la moyenne des points attribués à la question pour tout devoir ne présentant pas de plan matérialisé.

Orthographe : A partir de 5 fautes, 2 points seront enlevés à la note sur 20. »

Le texte argumentatif

Vous devrez défendre votre point de vue, vos idées ou vos opinions. Pour ce faire, vous mettrez en avant certains faits ou références pertinents après avoir défini le sujet en introduction.

- **Le thème**
  - C'est le **sujet principal** dont on parle qui peut éventuellement être complété par des sujets secondaires. Généralement, le titre des articles ou les mots-clés d'une consigne d'écriture vous aident à repérer immédiatement le thème principal.

- **La thèse**
  - La thèse (appelée aussi opinion, point de vue ou plus rarement avis) est la **clé de voûte de l'argumentation**, elle est l'opinion de l'argumentateur (celui qui argumente) sur le thème. Elle n'est ni neutre ni forcément objective, puisqu'elle est le point de vue d'un argumentateur.

- **Les arguments**
  - Les arguments servent à défendre la thèse de l'argumentateur. Ils proposent un **raisonnement destiné** à prouver la vérité et la valeur de la thèse, ou au contraire à démontrer que la thèse adverse est mauvaise dans le cas d'une contre-thèse
  - L'argumentateur peut exprimer son opinion explicitement ou implicitement.

- **Les exemples**
  - Ils servent à **illustrer** les arguments. Ils peuvent prendre la forme de faits tirés de l'actualité, de citations, de vos connaissances sur le sujet, tels que des chiffres ou un fait historique.
  - Les exemples peuvent également être tirés de l'expérience personnelle lorsque cela est demandé dans l'énoncé.
  - Ils sont parfois si frappants qu'ils argumentent à eux seuls, soutenant davantage l'argument qu'ils ne l'illustrent. C'est le cas notamment lorsque les argumentateurs donnent des exemples chiffrés qui parlent d'eux-mêmes.

- **Introduction:**
  - A l'issue de la lecture de l'introduction, les correcteurs devront pouvoir penser que vous avez compris le sujet, savoir de quoi vous allez parler et comment vous allez en parler.
  - Dans l'introduction, vous devez donc :
    - restituer le contexte global du sujet ;
    - formuler la problématique (La **problématique** est la présentation d'un problème sous différents aspects, c'est-à-dire la question à laquelle vous allez tâcher de répondre);
    - et annoncer votre plan.

- **Développement:**
  - Sur le fond, les correcteurs attendent de vous que vous soyez capable de développer une réflexion personnelle ; que vous puissiez appuyer cette réflexion sur une culture générale et des connaissances solides, que vous témoigniez d'un esprit critique certain. Restez modeste dans vos propos et étayez vos idées avec des arguments solides.

- **Conclusion:**
  - Il s'agit de la dernière impression des correcteurs, d'où son importance. Dans la conclusion, vous devez donc :
    - synthétiser votre réflexion (reprendre vos idées forces);

- et/ou ouvrir votre réflexion. Vous pouvez également terminer sur une question.

Les liens ou connecteurs logiques permettent d'organiser l'argumentation, de la simplifier et de la clarifier. Ils sont indispensables à l'écrit comme à l'oral, puisqu'ils sont, en quelque sorte, les rouages de la démonstration.

- Pour **exprimer la conséquence**, utilisez : par conséquent, c'est pourquoi, si bien que, ainsi, d'où, donc...
- Pour **exprimer l'opposition**, utilisez : or, néanmoins, mais, cependant, en revanche, au contraire...
- Pour **exprimer la cause**, utilisez : car, sous prétexte que, parce que, en raison de, puisque...
- Pour **conclure**, utilisez : en résumé, finalement, en définitive...
- Pour **introduire une explication, une information ou un argument,** utilisez : en d'autres termes, en effet, de plus, de faits, c'est-à-dire, en outre...
- Pour **introduire une comparaison**, utilisez : de même, tel que, comme...
- Pour **introduire une thèse**, utilisez : selon moi, d'après mon expérience, pour moi, d'après moi...
- Pour **introduire un exemple**, utilisez : notamment, par exemple, ainsi, de la sorte...
- Pour **ajouter un nouvel élément**, utilisez : d'ailleurs, de plus, en outre...

Rédaction de Culture Générale

La subjectivité de la beauté de l'art

L'art, par opposition aux produits de la nature, est une activité « fabricatrice » de l'Etre Humain. Il permet, par son activité, la création d'œuvres diverses (peinture, sculpture, poésie, etc.) délibérément adressées aux sens, aux émotions et à l'intellect de ses congénères.

Si la définition de l'art est complexe et sujette à des interrogations encore vives, nous nous penchons aujourd'hui sur une autre question : celle de la subjectivité de la beauté de l'art. La beauté est-elle nécessairement subjective dans l'art et l'art doit-il forcément s'adresser à la subjectivité ?

Afin de répondre à cette problématique, nous nous pencherons tout d'abord sur les deux manières de juger l'art : un versant subjectif et l'autre versant objectif (I). Par la suite, nous étudierons en quoi les émotions restent la palette de jugement artistique la plus fiable face à l'art (II).

I) <u>Subjectif et objectif : des deux manières de j(a)uger l'art</u>

I-A) L'analytique du beau

Emmanuel Kant est certainement l'un des philosophes ayant le plus travaillé sur la notion du beau. C'est dans *L'analytique du beau*, qu'il définit tout d'abord le goût : cette faculté de jugement qui permet de définir ce qui est beau ou ne l'est pas.

Plusieurs critères interviennent alors dans la notion de « beauté » telle qu'elle est définie par Kant. Tout d'abord, le « beau » est une notion métaphorique, qui se rapporte à un objet avec lequel nous entretenons une relation désintéressée (relation liée à la représentation de l'objet). C'est en ce sens qu'il se différencie du « bon », où le sujet est lié à l'objet existant, et non plus à sa simple représentation, par un désir défini et dans la poursuite d'un but précis. Ainsi, un fruit « bon » le sera par rapport au goût qu'il nous renvoie, au désir de consommation que nous en avons et à la finalité que nous poursuivons (manger sain) ; au contraire, un fruit beau le sera en regard des considérations esthétiques que nous possédons et auxquelles nous renvoie sa simple représentativité. Pour être beau, il est donc nécessaire qu'un objet, et par prolongement une œuvre d'art, ne poursuive aucune autre fin que celle d'exister par essence.

Parmi les autres critères développés par Kant, notons également que ce qui est « beau » est ce qui plait universellement. Loin de là l'idée d'affirmer qu'une œuvre d'art, considérée comme belle, serait belle aux yeux de tous, se plaçant là au centre d'une objectivité totale. Les travaux du philosophe lui ont plutôt permis de constater qu'une fois le jugement de beauté posé par une personne sur une œuvre d'art, celle-ci envisageait alors que l'œuvre en question soit pour chacun la source de la même satisfaction. C'est de cette manière que s'opposent les affirmations « c'est beau » et « cela me plait », la seconde impliquant une subjectivité intrinsèque alors que la première agit comme si le jugement affirmé conférait à l'universalité. Nous constatons alors que, dans le jugement du beau, l'objectivité supposée se rapporte en réalité à la subjectivité du vécu émotionnel de chacun.

I-B) Estimation de l'art : critères objectifs

Il existe cependant une autre manière de jauger l'art et ses œuvres, plus objective. Celle-ci se base sur une vision plus mercantile de l'art, et sur sa valeur d'échange spécifiquement : cette valeur désigne le caractère mesurable de l'œuvre, son interchangeabilité monétaire et donc ce qui en détermine son prix sur le marché.

Ce prix sera défini selon plusieurs critères : technique utilisée, dimensions, état matériel de l'œuvre, qualité du travail et talent de l'artiste, contexte historique de sa composition, renommée de l'auteur-créateur, état du marché (côte et prise en compte du focus culturel actuel), évaluation par les critiques professionnels, difficulté logistique liée au déplacement de l'œuvre, etc.

Ces différents paramètres permettent de procéder à une approche objective du jugement de l'art et de ses œuvres, plaçant l'œuvre au centre, cette fois, d'une attention plus consumériste que métaphorique ou symbolique.

Malgré tout, nous devons faire attention à mesurer ce propos, car le critère rentrant le plus en compte dans l'établissement d'un prix de vente sera la célébrité de l'artiste, sa reconnaissance sur le marché de l'art et donc la légitimité que ses pairs lui attribuent ; mais qu'en est-il de ces jugements ? Ceux-ci résultent encore une fois d'une vision artistique donnée à l'instant T, dépendant des courants culturels, des effets de mode constatés ; cette vision ne saurait alors avoir d'objectif que le fait d'être partagée par un nombre important de personnes, une communauté se regroupant autour de cette même idée et la légitimant aux yeux du monde.

II) <u>Le biais des émotions comme palette de jugement</u>

II-A) Réceptivité de l'art par ses publics

Mais les travaux du philosophe Kant, développés plus haut, ne sont cependant pas sans nous rappeler que la faculté du goût, et donc celle de juger ce qui est beau ou non, n'apporte alors aucune connaissance stricte sur le monde qui nous entoure : ainsi, si nous disons d'une œuvre qu'elle est belle, nous ne livrons aucun critère permettant de la définir concrètement, ce que nous pourrions faire a contrario si nous indiquions des informations de couleur (« cette peinture est à dominante rouge »), de composition (« son œuvre utilise l'aquarelle ») ou encore de technique (« ce poème est un sonnet »). Quand nous utilisons l'affirmation « c'est beau », a fortiori dans le domaine artistique, nous ne traitons en réalité pas de l'œuvre en elle-même mais plutôt du sentiment que nous renvoie l'œuvre. Il s'agit là de la façon dont l'art se répercute en nous, de la manière dont il nous traverse, nous questionne et nous touche : tout simplement, dire d'une œuvre qu'elle est belle signifie seulement exprimer de quelle manière nous sommes affectés par sa représentation.

Et c'est bien là l'un des objectifs premiers de l'art : transmettre une émotion, provoquer un sentiment chez l'observateur, créant ainsi une relation à trois partis. Cette relation permet alors d'englober, dans une même interaction, l'œuvre, son créateur et le récepteur, qui est le destinataire de cette œuvre (spectateur, auditeur, lecteur, etc.). Nous assistons alors à un tête à tête organisé entre deux subjectivités qui dialoguent l'une avec l'autre.

Dans le sens où l'œuvre s'adresse à l'émotivité de chaque destinataire, touchant à l'affectif profond, la réception et le sentiment de beauté qui en découlent ne peuvent donc être que subjectifs, pris dans l'unicité de chaque rencontre artistique.

II-B) Le cas de l'art subversif

Quand l'artiste pousse ce raisonnement à son apogée, il peut arriver qu'il souhaite susciter chez son spectateur des réactions et des sentiments très forts, comme le dégoût, le choc, la stupeur ou encore l'indignation. Le cas de l'art subversif surpasse donc toutes les théories développées jusqu'alors, et pour plusieurs raisons.

Tout d'abord car, en provoquant un sentiment de « beauté », nous pouvons nous attendre à ce que le destinataire de l'œuvre la trouve belle non pas tant esthétiquement mais plutôt intellectuellement : celui-ci peut en apprécier le raisonnement sous-jacent, l'intellect et la puissance. Ne pourrait-on en ce sens pas trouver « belle » l'œuvre du Hitler à genoux de Maurizio Cattelan, dans le sens où elle provoque ses publics, confère à l'irrévérence et dénonce l'un des pans les plus sombres de notre Histoire ?

Ensuite car, il nous prouve que la beauté n'est pas forcément le but recherché dans toutes les formes d'art, et ne se suffit pas pour définir une œuvre d'art, qui doit aussi être animée du désir de partager une idée, voire d'interroger nos convictions ou de les dénoncer. Tel est le cas pour le désormais célèbre Piss Christ, d'Andres Serrano (photographie d'un crucifix plongé dans le sang et l'urine), qui visait à critiquer ceux qui abusent de l'enseignement du Christ à des fins d'enrichissement personnel, ôtant alors tout son caractère spirituel à la religion. L'artiste nous rappelle alors ici que l'œuvre d'art doit combiner un aspect esthétique à un aspect résolument intellectuel, relié à une intention profonde de communiquer avec ses pairs.

La subjectivité peut dont aussi résider dans le choix de rechercher, ou non, la beauté comme qualité première d'une œuvre d'art.

En conclusion, le jugement de l'art, même s'il est possible, repose sur de nombreux critères difficilement évaluables. Au-delà des aspects purement historiques et matériels, le jugement d'un œuvre d'art réside plus dans le regard qu'y portera la société à un instant donné. Ce regard, bien qu'objectivé par certaines castes de la société qui légitimeront ou non un artiste, restera subjectif dans la mesure où il se base sur l'émotivité propre à chacun, avec la palette de sentiments innombrables qui en découlent.

C'est par ailleurs en ce sens que la beauté de l'art se doit justement d'être subjective : car elle en appelle à la sensibilité de ses publics, qu'elle cherche à captiver, positivement ou négativement, ce sans quoi l'art serait vidé de son essence et ne serait tout simplement plus de l'art.

Rédaction de culture générale

Quelle école calédonienne pour un destin commun ?

L'école calédonienne, pour un destin commun, souhaite donner une égalité des chances de réussite pour tous les élèves. Elle rappelle le respect des règles au sein des établissements scolaires. Elle définit un programme éducatif propre au pays, tient compte de la diversité des publics, des cultures et des compétences de chacun.

La présente rédaction développera le nouveau règlement intérieur (I-A) et le dispositif Innov'école (I-B), ainsi que l'application d'une réforme au collège (I-C) au sein des établissements (I). Par ailleurs, les enseignants doivent être accompagnés pour suivre cette évolution grâce aux formations ainsi que l'utilisation des nouveaux outils d'apprentissage (II-A). Enfin, le projet éducatif crée des solutions (II-B) pour une préparation d'une rentrée en harmonie afin de transmettre les compétences inscrites dans le socle commun (II).

I/ Les actions menées au sein des établissements :

I-A) Un nouveau règlement intérieur :

Depuis la rentrée 2018, la province Sud a modifié le règlement intérieur des écoles primaires afin de prévenir des situations ou des comportements liés à la violence. Pour ce faire, des règles ont été rappelées, notamment lorsque les parents déposent leurs enfants, ces derniers sont accueillis à l'entrée de l'école. Si des parents souhaitent s'entretenir avec un enseignant, ils doivent formaliser une demande écrite. Cette procédure permet d'éviter la violence physique ou verbale envers l'enseignant. De plus, il est formellement interdit, à l'élève, d'utiliser son téléphone portable, sa tablette, son MP3 ou encore sa console de jeux au sein de l'établissement scolaire. Par ailleurs, tout manquement au respect de l'environnement de travail par un élève, il devra être en mesure de réparer la dégradation commise dans l'enceinte de l'école. Enfin, le règlement intérieur doit être signé conjointement par l'élève et par ses parents, ils sont tenus de veiller à son respect.

Notons, enfin, que tous les élèves portent une tenue commune, ce qui permet de sanctuariser l'école, et marque ainsi, leur appartenance à cet établissement. En outre, celle-ci renforce la cohésion lors des sorties à l'extérieur de l'école.

I-B) Le dispositif Innov'école

Adopté depuis décembre 2016, le dispositif « Innov'école », à titre d'expérimentation, a permis à dix-sept écoles, sur vingt-six, d'inscrire des projets, sur les thèmes suivants : le numérique, la santé, la valorisation du patrimoine culturel et touristique, ou la réorganisation du temps d'apprentissage. Il a été, également, proposé, la condensation des matières fondamentales (français et mathématiques) le matin, et le sport et la culture l'après-midi. Par ailleurs, la pause-méridienne est consacrée au bien-être et à la santé. Enfin, afin d'en mesurer l'impact, une évaluation de chaque projet sera réalisée dans les écoles en 2019.

I-C) L'application d'une réforme au collège

La réforme a permis de mener des actions au sein des collèges par le renforcement, des fondamentaux en français (illettrisme) et en mathématiques (innumérisme), pour lesquels les élèves rencontrent des difficultés. Afin de consolider ce socle, une heure supplémentaire a été inscrite au programme. En outre, à la rentrée 2018, suite à la mise en œuvre du projet éducatif, l'enseignement des fondamentaux de la culture kanak est rendu obligatoire. Notons, par ailleurs que l'anglais renforcé est proposé, afin de tenir compte du contexte de l'environnement régional, largement anglophone. Les collégiens doivent également faire leurs devoirs dans leur établissement. Enfin, le collégien est tenu de suivre le parcours civique citoyenneté.

Le collégien sera évalué, durant son année scolaire, lors des contrôles continus. Il doit, également, valider son diplôme national du brevet par la maîtrise de cinq domaines (langages pour penser et communiquer, méthodes et outils pour apprendre, formation de la personne et du citoyen, systèmes naturels et systèmes techniques, représentation du monde et de l'activité humaine) du socle commun. Selon son niveau de maître des compétences, il obtiendra l'appréciation suivante : insuffisante, fragile, satisfaisante ou très bonne. Il devra, de plus, passer les épreuves écrites de sciences et technologies, ainsi qu'une épreuve orale, soit d'un parcours suivi, soit d'une épreuve d'histoire de l'art.

Cette réforme a pour objectif de former un futur citoyen éclairé, dans le respect, dans le vivre ensemble, d'avoir un esprit critique, et lui permettre son intégration dans le milieu professionnel.

II/ Une préparation d'une rentrée en harmonie pour transmettre les compétences inscrites dans le socle commun

II-A) Un accompagnement grâce aux formations et à l'utilisation des nouveaux outils d'apprentissage

Cette réforme au collège est préparée depuis janvier 2016. Pour ce faire, un groupe de pilotage a travaillé sur cette réforme adaptée et contextualisée à la Nouvelle-Calédonie, et des expérimentations ont eu lieu dans plusieurs établissements. Le texte final a été adopté au congrès en décembre 2016. Cette réforme a induit un accompagnement de l'équipe éducative pour lui permettre de s'investir dans cette évolution grâce aux formations. Pour ce faire, six journées de formations ont été nécessaires, sur les thèmes suivants : présentation globale de la nouvelle réforme, nouveaux programmes, numérique disciplinaire, numérique éducatif et pédagogique, et organisation de la réforme au sein de chaque établissement. Enfin, cette réforme s'accompagne de nouveaux logiciels tels que : Folios pour suivre le parcours civique, d'orientation et d'éducation artistique et culturelle, ainsi que le LSU pour la tenue du livret scolaire.

Quant à l'enseignement des langues kanak en tant que Langue Vivante 2 (LV2), le Drehu, le Nengone, le Paici et l'Aijie peuvent être présentées en option au baccalauréat, et faire l'objet de cours au collège ou au lycée. Quatre autres langues : le Yuanga, Xaracuu, Iaai et Drubea seront aussi enseignées. Toutefois, les ressources enseignantes sont variables selon la langue. Par ailleurs, une démarche est en cours auprès du ministère de l'Education nationale pour créer un Capes langues kanak. L'Espé a permis de créer un diplôme universitaire « langues et cultures océaniennes et apprentissage », dispensé aux professeurs du secondaire et aux enseignants du premier degré. En outre, les professeurs titulaires locuteurs d'une langue kanak peuvent se voir proposer d'enseigner leur discipline en langue. La conceptualisation d'un CAPES spécifique est en cours.

<u>II-B) Le projet éducatif crée des solutions</u>

M. Jean-Charles Ringard-Flament, vice-recteur, a réuni les cadres des établissements et siège, pour transmettre les dernières instructions avant la rentrée. L'accueil a été rythmé par de la musique et des chants pour faire de cet évènement un moment festif et convivial. Le vice-recteur a rappelé aux équipes éducatives leurs responsabilités, notamment le respect des options des uns et des autres, de part une année qui sera marquée par le référendum. Il indique, par ailleurs, que l'école doit être sanctuarisée mais pas fermée à la réalité du monde. Le référendum doit trouver sa place en cours d'histoire-géographique et dans l'enseignement moral et civique. De plus, une mallette « info-documentaire » sera remise aux établissements.

En outre, le membre du gouvernement rappelle que le Projet éducatif de la Nouvelle-Calédonie doit rendre compte de son action tous les ans au congrès. Notamment, les élus souhaiteraient qu'un effort soit fait lors des remplacements afin d'assurer le service public surtout lors des examens. Il doit être proposée une solution lors des difficultés de logement des professeurs remplaçants en Brousse, ou pour des cours de rattrapage en dehors de l'emploi du temps régulier. Ou encore par la mise en place d'une équipe de remplaçants titulaires sur le Grand Nouméa, dans les disciplines les plus courantes.

Enfin, les élus souhaitent avoir un rapport d'activité annuel accessible et les coutumiers veulent être informés de la tenue des conseils d'administrations des établissements scolaires.

De plus, Messieurs Philippe Germain et Thierry Lataste ont signé un accord-cadre visant à lutter contre le décrochage scolaire, les incivilités et les violences en milieu scolaire. Pour ce faire, des structures ont été mises en place à Nouméa, à Païta, à Koné et à Poindimié pour des élèves en situation de prédécrochage, ainsi que des dispositifs d'accueil externalisés pour ceux de 12 à 16 ans. Par ailleurs, il a été créé la brigade de la prévention de la délinquance juvénile de la gendarmerie nationale grâce à un partenariat entre le vice-rectorat et les force de l'ordre. Une unité est basée à Koné pour mener des actions. Une présence accrue à l'extérieur des établissements selon les risques est possible, et éviter ainsi tout débordement. Notons, enfin, la nécessité de protéger, également, le personnel des établissements publics.

Pour conclure, l'école calédonienne pour un destin commun, se donne les moyens pour offrir une égalité des chances pour tous dans la réussite scolaire. Le règlement intérieur a permis de rappeler le respect de tous envers le personnel éducatif, de réinstaurer la notion de sanctuarisation et d'apprentissage au sein de l'école. En outre, Innov'école définit les besoins spécifiques des élèves dans leur apprentissage et leur bien-être. Enfin, la réforme au collège souhaite valoriser les compétences des élèves. L'école s'engage à former les futurs citoyens, dans l'esprit du destin commun, du respect, de l'esprit critique dont l'objectif est leur insertion dans le milieu professionnel. Cette volonté est conforme à la lettre de l'Accord de Nouméa (1998).

Toutes les actions menées feront l'objet d'une évaluation pour chacun des projets en 2019, d'un rapport d'activité et d'une information de la tenue des conseils d'administration pour les coutumiers à leurs demandes. L'observatoire de la Réussite Éducative est en voie de concrétisation.

Rédaction de culture générale

Comment sauvegarder les retraites en France ? Quelle solidarité intergénérationnelle ?

Avant 1945, la question de la fin de vie des travailleurs s'était déjà posée. Le système de retraite français, tel qu'il existe aujourd'hui, s'est mis en place progressivement depuis cette date. Aujourd'hui, la retraite obligatoire a deux composantes : la retraite de base et la retraite complémentaire. Ils sont fondés sur un principe de répartition.

Il semblerait que ce système ne soit plus adéquat et présente un déséquilibre financier, ce qui compromet son avenir. Selon ce contexte, il est nécessaire de s'attarder sur la manière de sauvegarder les retraites en France. Dans ce cas, quelle solidarité intergénérationnelle ?

Afin de répondre à cette problématique, tout d'abord, analysons la situation actuelle (I) afin de comprendre pourquoi il n'est plus efficace. Enfin, en deuxième partie, examinons un nouveau système de retraite (II) qui pourrait pallier au problème.

I)   <u>La situation actuelle</u>

Les régimes des retraites obligatoires (de base et complémentaires) fonctionnent par répartition. Cela signifie que les cotisations versées par les actifs chaque année, sont immédiatement utilisées pour financer les pensions des retraités. C'est un système qui organise très directement la solidarité intergénérationnelle selon François Ewald, intellectuel français, philosophe du risque. Le système de retraite français est un système dit « contributif » : cela veut dire que les retraités touchent une pension qui est proportionnelle au montant des cotisations qu'ils ont versées au cours de leur carrière, soit leur contribution au système. Ces cotisations sont prélevées sur les salaires, et la retraite dépend ainsi de l'activité professionnelle au cours de la vie.

Cependant, la diminution du nombre des actifs par rapport à celui des pensionnés remet sérieusement en cause les bases de l'ensemble des pratiques par répartition. En effet, le nombre de retraités pour un actif n'a cessé de décroître : de 4,14 en 1960 à 1,40 à l'heure actuelle. Pour retarder cette crise, il aurait fallu à l'origine, constituer un Fond de réserve au lieu de tout distribuer, selon les analyses de Jacques Bourdu (2010) ancien élève de l'Ecole Polytechnique. La France a créé tardivement ses Fonds de Réserve des Retraites (FRR), sous le gouvernement Jospin (2000), mais ils demeurent sous alimentés. Ses actifs représentant 1,91% du PIB, 16 fois moins qu'en Suède.

Malgré plusieurs mesures visant à réguler la situation, expliquée en partie par l'allongement de l'espérance de vie, la fuite en avant s'est poursuivie. Pour remédier au problème, Jacques Bourdu préconise l'introduction progressive d'une forte part de capitalisation.

II) <u>Un nouveau système de retraite</u>

Des réformes profondes doivent être envisagées pour permettre la sortie de la crise. L'injection d'une forte part de capitalisation dans le système actuel éviterait la chute programmée du niveau des pensions.

En effet, cela nécessiterait en amont, une réduction des dépenses publiques et sociales ainsi que l'accroissement des recettes. La création d'emplois, et donc la réduction du chômage, entrent également en ligne de compte. Le régime général actuel resterait par répartition ainsi que les retraites complémentaires. En revanche, le régime général sera fondé sur un système par points et non plus par annuités. L'âge de départ à la retraite sera fixé à 65 ans et la pension calculée sur la base du nombre de points acquis. Ces deux dispositions devraient conduire à la mise en place d'une capitalisation.

De ce fait, les régimes complémentaires par répartition devraient se substituer par des retraites par capitalisation. Chaque assuré devra se doter d'un Compte individuel d'Epargne-Retraite (CER). Un bon de capitalisation, faisant état de leur situation en points et en euros, leur sera délivré. Ce système de répartition par capitalisation, sera appliqué automatiquement aux nouveaux entrants sur le marché du travail. Par ailleurs, un fond de garantie des retraites sera constitué pour garantir les retraites actuelles et financer la transition. Les fonds de pension seront choisis librement par les assurés pour financer leur retraite complémentaire. Ils seront à cotisation définie et indépendants des entreprises. Ces mêmes fonds pourraient jouer un rôle primordial dans le financement des entreprises françaises.

En définitive, il est évident que le système de retraite actuel est en passe d'être obsolète. Et ce, malgré plusieurs réformes opérées antérieurement. Dans ce cadre, un remodelage en profondeur doit s'opérer en introduisant une dose de capitalisation. Elle s'accompagnera d'un Fonds de garantie des retraites en faveur des pensions actuelles et ainsi assurer la transition vers la capitalisation.

Cette restructuration vient éclairer les visions pessimistes engendrées par les pratiques du système de retraite actuel. Elle doit s'inscrire dans une politique de liberté et de responsabilité. Chacun des assurés prenant une grande part dans le choix des mesures sur sa propre retraite.

94

6 LE COMMENTAIRE DE TEXTE ORAL

Rédigez des phrases courtes dans lesquelles le vocabulaire sera simple et direct.

L'introduction :

- 1)   Contexte : la thématique principale
- 2)   Le texte, intitulé … tiré de … traite de cette question, date de publication, support de publication
- L'auteur, le journaliste … émet la thèse, fait un état des lieux de …émet l'idée que…
- Annonce du plan : j'expliquerai dans un premier temps…et dans un second temps… en suivant l'ordre du texte

Le développement :

- La compétence de synthèse consiste à montrer qu'on a aussi bien compris le texte en tant que développement d'un point de vue que le domaine dans lequel il s'inscrit.

- Après chaque idée, donner des chiffres ou des exemples précis tirés du texte.

La Conclusion :

- Elle est une synthèse (en gros on reprend les idées générales, et on signale si c'est nécessaire que la thèse du texte s'est révélée juste (dans le cas d'un texte historique par exemple)
- Il est bien de pouvoir l'ouvrir sur d'autres débats ou sur une contextualisation à la Nouvelle-Calédonie (qu'on maîtrise car le jury risque de nous reprendre là-dessus)

Commentaire oral de textes

(note reçue 20/20, Vanessa Nicol)

Les enjeux de la Neuroéducation et ses fondements scientifiques

Principal corpus de textes :

Neurosciences et éducation : la bataille des cerveaux, Institut Français de l'Education (IFÉ) n° 86 (Sept. 2013). Marie Gaussel et Catherine Reverdy, Chargées d'étude et de recherche au service Veille et Analyses de IFÉ

Comprendre le cerveau : naissance d'une science de l'apprentissage
Nouveaux éclairages sur l'apprentissage apportés par les sciences cognitives et la recherche sur le cerveau, Conférence internationale OCDE/CERI « Apprendre au XXIe siècle : recherche, innovation et politiques » (2007)

Plan détaillé :

- **I / Définition de la Neuroéducation** (à l'intersection de plusieurs domaines)

- **II / Historique** (des neurosciences à la Neuroéducation, une jeune science)

- **III / Plasticité cérébrale** (renforcement des circuits neuronaux, mémorisation et automatisation)

- **IV / Pistes d'évolution dans le secteur de l'éducation** (neuromythes, formations initiale et continue, coopération entre enseignants et neuroscientifiques)

L'enjeu principal de la Neuroéducation consiste en la connaissance, notamment par les parents, les professionnels de l'enseignement et de la petite enfance, des résultats de recherches en neurosciences, afin de développer de meilleures méthodes ou pratiques d'apprentissage et d'enseignement, pour mieux stimuler l'attention des apprenants, prendre en compte les intelligences multiples.

I / Définition de la Neuroéducation (un champ interdisciplinaire de recherches)

La Neuroéducation est une science nouvelle de notre siècle, elle se situe à l'intersection de multiples domaines scientifiques (diagramme 1). Tout son intérêt réside dans l'étude des processus d'apprentissage et de mémorisation, grâce à l'imagerie cérébrale, en vue de repenser et d'optimiser les pratiques d'enseignement pour mieux les adapter aux élèves d'aujourd'hui.

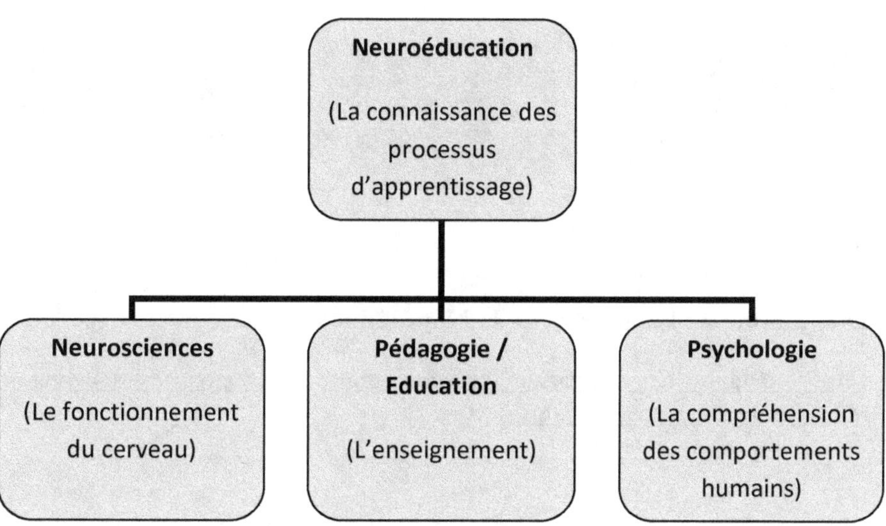

Diagramme 1 : Le champ interdisciplinaire de la Neuroéducation

II / Historique (des neurosciences à la Neuroéducation en France, une jeune science)

En tant que professionnels de l'enseignement, nous aimerions pouvoir appuyer nos décisions pédagogiques sur des fondations scientifiques solides, complémentaires aux courants pédagogiques jusqu'alors largement enseignés en sciences de l'éducation dans les instituts de formation tels qu'on les connaît aujourd'hui. Sans doute aimerions nous également savoir pourquoi certains élèves ont plus de difficultés que d'autres face à une même tâche, pour un recul sur des pratiques d'enseignement argumentées scientifiquement et gérer ainsi plus efficacement l'hétérogénéité de l'environnement classe.

Ces questions sont fondées et marquent l'histoire de la psychologie vers la création d'une jeune science nommée Neuroéducation (diagramme 2), sa force étant la compréhension des mécanismes cérébraux d'apprentissage grâce à l'imagerie cérébrale, ses limites se situant évidemment dans la difficulté d'équiper toute une classe d'outils neurophysiologiques. En France, Stanilas Dehaene ressort comme un fervent initiateur en Neuroéducation.

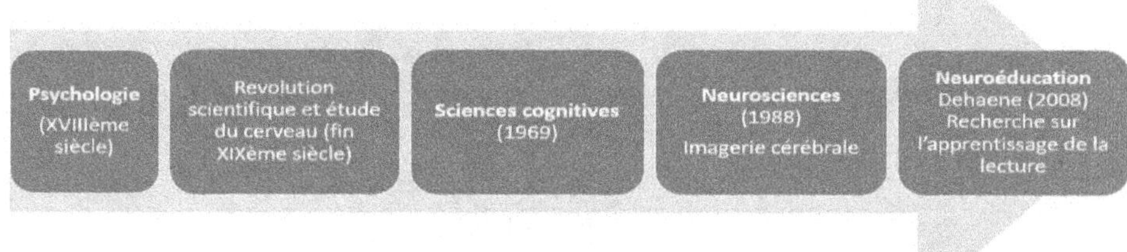

Diagramme 2 : Naissance de la Neuroéducation

III / Plasticité cérébrale (renforcement des circuits neuronaux, mémorisation et automatisation)

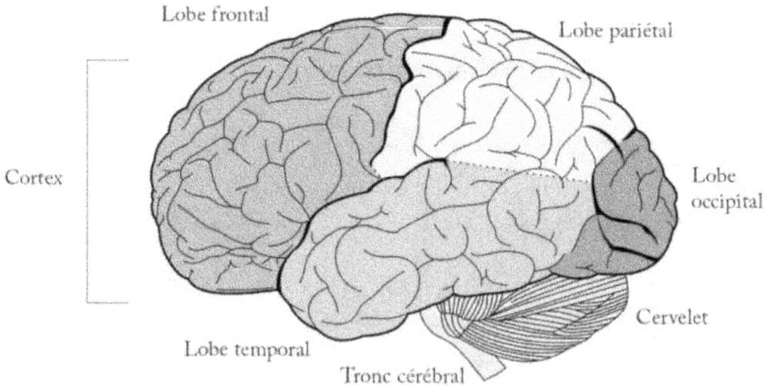

Illustration 1 : le cerveau

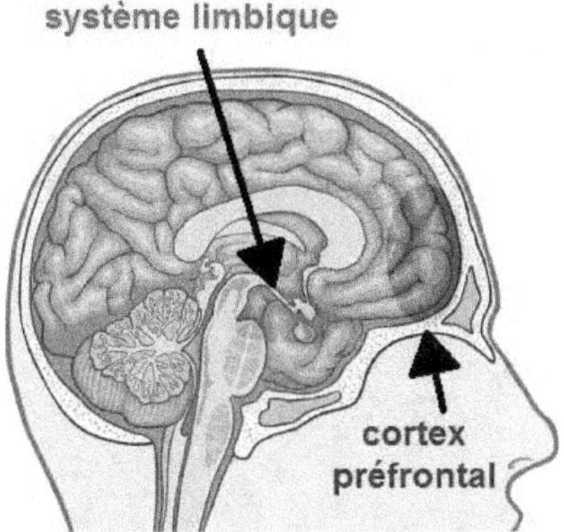

Illustration 2 : le système limbique

Meyer et Rose (2000) proposent une classification des réseaux de transformation de l'information :

-   Le réseau de la reconnaissance (lobes occipital, pariétal et temporal)

-   Le réseau stratégique (lobe préfrontal)

-   Le réseau affectif (système limbique, Illustration 2)

Le cerveau (Illustration 1) est plastique, il s'organise et se réorganise au fil des situations d'apprentissages, ce qui signifie que l'intelligence n'est en rien figée. Ainsi, plus il est stimulé dans des situations variées, plus il se développe, impliquant de l'apprenant un effort pour construire ses compétences et mémoriser des savoirs nouveaux.

Il existe deux types de plasticité :

-   Intrinsèque : c'est l'expérience sollicitée à un moment donné qui permet le développement (mouvement, langage, vision, audition).

-   Extrinsèque : c'est l'apprentissage transmis socialement tout au long de la vie, notamment à l'école.

A – Le renforcement des circuits neuronaux

Le cerveau enregistre des informations données si elles sont identifiées comme utiles par l'apprenant. Etre explicite, préciser l'objectif nous aide à accomplir une tâche, en mémoire de travail d'abord, pour devenir plus compétent, pour passer l'information en mémoire à long terme ensuite.

Selon Geake (2008), l'ensemble de l'activité cérébrale, dite connectivité fonctionnelle, est sollicitée en permanence par l'apprenant lors de la réalisation d'une tâche (diagramme 3).

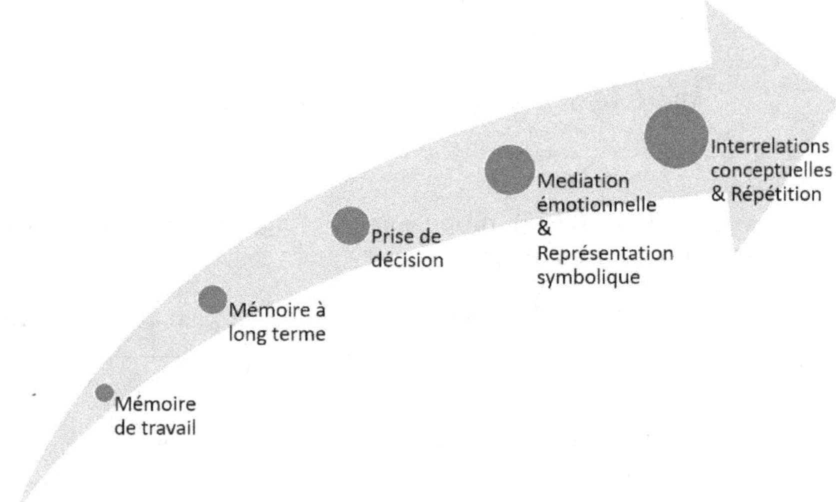

Diagramme 3 : Processus d'activité cérébrale selon Geake (2008)

B - Mémorisation et automatisation

Selon Eustache (2006), nos mémoires sont multiples.

- Mémoire de travail ou à court terme

- Mémoire à long terme comprenant une mémoire procédurale (celle des automatismes)

- Mémoire perceptive (elle identifie les stimulus)

- Mémoire sémantique (les connaissances générales)

- Mémoire épisodique (les souvenirs)

Nos mémoires travaillent en interaction et évoluent au fil du temps selon un processus de mémorisation en trois étapes (diagramme 4).

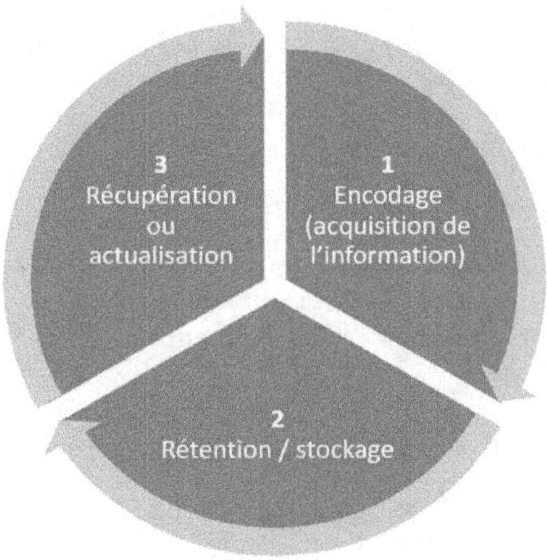

Diagramme 4 : Les trois grandes étapes de la mémorisation (Cordier & Gaonac'h, 2004)

Selon Roediger et Butler (2011), on apprend également que cette phase trois est essentielle en milieu scolaire : solliciter régulièrement des notions donne de meilleurs résultats que l'apprentissage par cœur. Aussi, plus un exercice est répété, plus les informations s'orientent vers la zone de traitement automatique et moins la zone de travail est activée.

IV / Pistes d'évolution dans le secteur de l'éducation (neuromythes, formations initiale et continue, coopération entre enseignants et neuroscientifiques)

Toutes ces recherches passées et à venir déconstruisent les neuromythes ancrés dans nos pratiques d'enseignement et nos croyances. D'où l'importance de les transmettre en formation initiale et continue du secteur éducatif, et plus généralement aux parents.

A – Vers la fin de certains neuromythes

- La notion d'une intelligence innée et figée est dépassée, puisqu'elle va à l'encontre du phénomène de plasticité cérébrale. Le développement du cerveau est le résultat des interactions entre l'environnement psychosocial qui le sollicite et l'organisation cérébrale évolutive.

- Le cerveau est plastique tout au long de la vie.

- Notre cerveau est actif à 100% : 90 milliards de neurones, 100 milliards de signaux entre eux, et 20 à 30% des connexions sont faites dès la naissance. Si nous n'utilisions que 10% de notre cerveau, nous serions à l'état végétatif.

- Nos deux hémisphères ne travaillent pas isolement, mais bien ensemble, reliés par le corps calleux, pour la grande majorité des tâches à effectuer.

- L'interconnectivité du cerveau est cruciale en matière d'enseignement. Un élève n'est pas soit visuel, soit auditif, soit kinesthésique dans son processus d'apprentissage. La connexion des trois éléments est plus efficace qu'un seul isolément.

- Les tests de Quotient intellectuel (QI) sont jugés trop restrictifs. Ils mesurent la capacité cognitive et en concluent une indication à un moment donné dans un domaine spécifique. Selon Crahay (2010), la cognition est plus générale que l'intelligence. Elle traduit davantage la potentialité d'un individu.

B - Formations initiale et continue

Outre la déconstruction des neuromythes, démontrons l'intérêt de la Neuroéducation en formation initiale et continue de l'éducation en commençant par quelques conclusions d'études :

Selon CERI (2007), les travaux sur l'apprentissage de la littératie (lecture / écriture) démontrent que le traitement de l'information suit soit la voie indirecte de l'assemblage (conversion graphophonologique), soit la voie directe de l'adressage (compréhension sémantique). D'après Dehaene (2007), il existerait également une aire de la forme visuelle des mots, identique à celle de la reconnaissance visuelle des formes. Ainsi, pour les langues dites transparentes, comme le Français, la neuroscience semble confirmer que les « méthodes syllabiques » sont les plus adaptées en apprentissage de la lecture (CERI, 2008).

« Le cerveau est biologiquement préparé à acquérir le langage dès le début de la vie, mais ce processus doit être catalysé par l'expérience. Il existe une relation inverse entre l'âge et l'efficacité de l'apprentissage pour de nombreux aspects des langues : en général, plus jeune est l'apprenant, plus efficace est l'apprentissage. » (CERI, 2008)

D'après Lieury (2010), l'environnement est un ensemble de facteurs biologiques (alimentation, sommeil, exercice physique) et de facteurs psychologiques (stimulations sensorielles, effectives, sociales, parentales, économiques, etc.). « La plupart des façons d'améliorer le fonctionnement cérébral dépendent de facteurs simples et quotidiens – qualité de l'environnement social et des rapports humains, alimentation, exercice physique et sommeil – qui semblent tellement évidents qu'on a tendance à négliger leur importance. » (CERI, 2008) La plasticité cérébrale décline quand on l'utilise moins.

« Les réseaux neuronaux liés à l'attention et aux émotions se développent durant l'enfance pour se concentrer sur une tâche précise et contrôler les émotions. Ces éléments, ainsi que le climat scolaire, sont à la base de la motivation de l'élève et de son attitude face à l'école (CERI, 2007).

Les images de cerveaux d'adolescents montrent qu'ils sont loin d'être arrivés à maturité, et qu'ils subissent d'importantes modifications structurelles bien après la puberté. L'adolescence est une période fondamentale pour le développement émotionnel, en raison de la grande quantité d'hormones présentes dans le cerveau ; l'immaturité du cortex préfrontal des adolescents joue sans doute un rôle crucial dans l'instabilité de leur comportement. Nous traduisons cette combinaison d'immaturité émotionnelle et de fort potentiel cognitif par l'expression : « la puissance est là, mais pas le contrôle ».

En conclusion de ce compte rendu de lectures, les résultats d'études dans d'autres domaines de la Neuroéducation, notamment ceux en numératie aujourd'hui au stade de balbutiements, devraient être davantage partagés. Les instituts de formation semblent être le lieu de prédilection de la transmission de ces informations au monde éducatif. Enseigner est un métier qui s'apprend, on ne le dira jamais assez.

Avec la Neuroéducation, cela pourrait devenir plus évident, les enseignants devenant des experts en sciences de l'apprentissage, bien au-delà de la pédagogie. Eiserhart et DeHaan (2005) proposent d'y inclure des modules portant sur les méthodologies d'investigation scientifique. Plus précisément, Tardif et Doudin (2011), distinguent quatre axes de formation : une connaissance de base en neurosciences, la dissipation des neuromythes, l'état des lieux de la recherche sur les troubles d'apprentissage et la recherche d'information.

L'adolescence

L'adolescence présente bien des paradoxes. Passer de l'enfance à l'âge adulte est une période où l'enfant va chercher à s 'émanciper vers le monde adulte tout ayant encore besoin de la protection de l'enfance. Pour se construire et grandir, le jeune a besoin de règles et de repères. Mais nous éprouvons des difficultés à instaurer des règles de respect, tant dans le milieu de l'éducation que parental. Ainsi, le jeune a tendance à déboucher sur des conduites violentes et des phénomènes de violence.

Ce contexte nous amène à vous proposer la présente note faisant état de la situation des souffrances et violences à l'adolescence.

Pour ce faire, tout d'abord nous verrons la remise en cause des conceptions de l'autorité (I). Puis nous constaterons les problèmes de l'adolescence (II).

I) Remise en cause des conceptions de l'autorité
I-A) Restaurer l'autorité

Lors d'une interview François Fillon (ministre de l'Education Nationale) a affirmé que "le respect de l'autorité, c'est un impératif pour toute la société". Le célèbre pédopsychiatre Aldo NAOURI parle de tyrannie de l'enfant roi, du déclin de l'autorité paternelle et de la prégnance des mères dans l'éducation des enfants. Pour Gérard Mendel, fondateur de la socio-psychanalyse " il n'y a pas de vie sociale sans limites posées à la puissance et à ma fantaisie des individus, c'est certain" (Document 1). Un adolescent doit se baser sur des règles pour se construire. L'accès à la règle permet de sécuriser l'enfant. Les parents des années 90 sont tombés dans les dérives de l'enfant roi. Ainsi, l'enfant n'a pas plus de limites et se permet de faire ce qu'il veut, il n'a aucune barrière face à lui. Sans règles un enfant ne peut pas se construire.

I-B) Les jeunes à la recherche de règles justes.

Selon un sondage du Credoc publié dans le magazine Okapi " 83% des collégiens interrogés pensent que l'autorité est une qualité pour un prof".

Credoc concluait que "57% des adolescents de 11 à 15 ans disaient attendre d'un adulte de l'autorité" (Document 2). Le jeune parle d'un besoin de règles justes. Il pense à une autorité de compétence. L'enfant veut se sentir en sécurité. Ainsi, il se débarrasse de ses angoisses, de ses peurs et cela lui évite les débordements. Cependant, pour l'adolescent, l'adulte est une sécurité, une référence, un pont d'appui. Il transmet des savoir-faire et savoirs-être.

II) Les problèmes de l'adolescence

II-A) Les jeunes entre quête d'identité et obligation de maturité

La jeunesse moderne est construite comme une double épreuve. D'une part, elle est une conquête d'autonomie, une sortie de la dépendance enfantine, une découverte de soi, de ses goûts et de ses amitiés. D'autre part, elle est un investissement dans le travail scolaire et dans la formation professionnelle, en une longue compétition qui permet d'acquérir progressivement un statut d'adulte. Nous exigeons que les jeunes soient libres et sérieux, autonomes et prévoyants, originaux et conformes. Mais parfois cette épreuve se passe mal, entre autonomie et dépendance, et lorsqu'elle se passe bien cela ne se voit pas forcément.

Dès lors, la jeunesse est heureuse quand elle ne devient pas une contrainte.

II-B) Une forme de mal être : le recours à la délinquance

La délinquance juvénile se caractérise par sa violence et par le fait qu'elle est plus souvent dirigée contre des personnes que contre des biens. Elle est devenue une délinquance d'opposition, une violence contre les institutions. Pour les jeunes délinquants, l'école n'est plus une alliée pour leur intégration mais comme une représentante de la société qui ne tient pas ses promesses d'ascenseur social (Document 6). Notre société ne sait pas protéger ses enfants ; c'est pourquoi elle se retrouve un jour agressée par eux. Toutes ces violences sont révélatrices de la profonde fracture sociale au sein de la société française (Document 5).

Pour conclure cette note, nous insisterons sur le fait que le jeune a besoin de limites pour se projeter dans la vie adulte, il lui faut des règles pour ne pas déborder. L'adulte devient alors son référent, son modèle à suivre pour se construire. Sans règles l'enfant risque de grandir trop vite et d'avoir une vie psychique confondue à celle de l'adulte. Ainsi un enfant qui ne peut faire ce qu'il veut, qui a une personne qui le guide, ne voudra pas forcément se révolter.

Enfin, comme le souligne Gandhi, "Montrer l'exemple n'est pas la meilleure façon de convaincre : c'est la seule." Il nous faut donc nous souvenir que le jeune se construit également par mimétisme à l'adulte qui l'encadre.

108

7 LA NOTE ADMINISTRATIVE OU LE RAPPORT

(Source : DRHFPNC)

« EPREUVE : Rédaction d'une note administrative ou d'un rapport

L'objectif de ces épreuves est de rechercher la capacité du candidat à :

• comprendre le champ thématique du dossier ;

• identifier, analyser et définir le problème posé ;

• sélectionner et hiérarchiser les informations contenues dans le dossier au regard de l'énoncé du sujet ;

• regrouper, organiser et ordonner les informations ;

• exposer les idées synthétisées de manière claire et précise ;

• structurer son discours à l'aide d'un plan ;

• rédiger avec une bonne grammaire, syntaxe et orthographe ;

• utiliser un style clair.

La forme de ces épreuves :

• Le plan doit être apparent et matérialisé (titres, sous-titres, numérotation) ;
• Il doit y avoir une introduction, dans laquelle le candidat contextualise le problème posé dans le dossier, c'est-à-dire le met en perspective avec des informations extérieures au dossier pour démontrer l'intérêt du thème proposé ;

• Le développement comporte 2 à 3 parties et il s'appuie exclusivement sur le dossier fourni ;

• Il doit y avoir une conclusion dans laquelle le candidat peut proposer des solutions en pouvant s'appuyer sur ses connaissances extérieures ;

• Le devoir ne doit pas dépasser 6 pages maximum ;

• Les documents utilisés doivent être cités.

Barème général : Le devoir est noté sur 20. Il est attribué :

• Une note inférieure à 5 sur 20 à tout devoir hors sujet ;

• Une note inférieure à 10 sur 20 à tout devoir ne présentant pas de plan matérialisé ;

• Une note inférieure à 10 sur 20 à tout devoir comportant plus de 6 pages ;

Orthographe : A partir de 5 fautes, 2 points sont enlevés à la note sur 20. »

Rapport

(note reçue 18/20, Auteure : Vanessa Nicol)

La mémoire dans le cadre scolaire

La mémoire s'inscrit dans un processus fragile et évolue tout au long de la vie. En matière d'éducation, elle est au cœur des apprentissages.

Dans ce cadre, comment peut-elle être favorisée en classe ? Et au-delà, comment peut-elle être éduquée dans le cadre d'un accompagnement personnalisé à l'École ?

Pour connaître les processus de mémorisation, nous devons tout d'abord en aborder les mécanismes physiologiques. Et pour les comprendre, il nous faut également transiter par les neurosciences (I). La neuroéducation est née de la fusion entre ces dernières et leur application en éducation. Les recherches récentes dans ce domaine nous apportent des connaissances précises sur les fondements cognitifs de l'apprentissage. En tant qu'enseignant, ces précieuses informations pourraient améliorer considérablement notre pédagogie et favoriser la réussite éducative des élèves (II). Enfin, à partir de ces nouveaux apports neuroscientifiques, nous pouvons proposer des stratégies d'apprentissages pour les enseignants et leurs élèves (III).

I)   Les mécanismes physiologiques de la mémoire
I-A) Neurophysiologie

Le système nerveux a pu être défini par la description anatomique - dénomination et position -, grâce à la dissection d'une part, et l'observation fonctionnelle d'autre part, système moteur, sensoriel et associatif qui correspond à un système intermédiaire prenant en compte les fonctions cérébrales les plus complexes.

Le système nerveux s'organise en deux systèmes :

- Le système nerveux central, constitué de l'encéphale et de la moelle épinière ;
- Le système nerveux périphérique est composé des nerfs crâniens (encéphale) et rachidiens (moelle épinière).

Le système nerveux central s'organise en deux hémisphères, un cervelet et un tronc cérébral. L'ensemble constitue le corps calleux.

Le cerveau est divisé en plusieurs aires : frontal, temporal, pariétal, occipital, limbique, insula. Ces aires donnent le nom aux plaques osseuses constituant la boîte crânienne. Certains lobes ont des fonctions plus ou moins précises mis en évidence par l'Imagerie par Résonnance Magnétique Fonctionnelle (IRMF). Cette méthode, qui repose sur la teneur en dioxygène (O2) dans le cerveau, permet de visualiser les zones stimulées suite à une tache donnée. Cette stimulation des **neurones** implique des cellules différenciées composées d'un corps cellulaire, de dendrites qui reçoivent l'information et **d'axones** qui renvoient l'information. C'est une cellule excitable car il existe un flux électrique par les ions positifs ou négatifs. **Les synapses** permettent la transmission de l'information vers un autre neurone au niveau du bouton synaptique de l'axone. Cette transmission se fait par le biais de vésicules synaptiques contenant des neurotransmetteurs. Les neurotransmetteurs, ou médiateurs, sont libérés dans la fente synaptique. L'information est reçue au niveau du bouton synaptique de la **dendrite** du neurone. Les neurotransmetteurs se fixent sur les récepteurs. Enfin, le cerveau est capable de fabriquer de nouvelles connexions neuronales tout au long de la vie. Cette faculté résulte en des mécanismes nommés **« plasticité cérébrale ou neuroplasticité »** (B), par lesquels notre cerveau se modifie sans cesse lors des apprentissages notamment, et ce dès la phase embryonnaire,

Le système nerveux périphérique se compose lui-même en deux sous-systèmes :

- **Somatique,** qui assure le contrôle volontaire de tous les muscles squelettiques ;
- **Autonome/végétatif,** qui assure un contrôle involontaire des muscles lisses et du myocarde). Ce deuxième système se divise en deux autres systèmes :
    - o Le système **sympathique ou ortho sympathique** qualifié de « stimulant » ;
    - o Le système **parasympathique** qualifié de « calmant ».

I-B) Mémoire et neurosciences

La plasticité cérébrale traduit une grande capacité d'adaptation du cerveau aux sollicitations de son environnement. Apprendre tout au long de la vie est une caractéristique importante qui permet au cerveau, en perpétuelle construction, de développer des neurones (**la neurogénèse**) et de créer de nouvelles connexions neuronales grâce aux synapses produites en grande quantité (**la synaptogénèse**). Grâce à l'IRMF, la localisation de la mémoire varie dans différentes zones. En physiologie, on parle d'**engramme** indiquant qu'il n'existe pas de localisation précise de la mémoire. Plus les connexions synaptiques seront en quantité (plasticité cérébrale) plus la mémoire sera de qualité. (exemple : sur un cerveau lésé par une maladie ou suite à un accident. La mémoire continue d'être localisée dans les zones saines non affectées).

La multiplication des connexions neuronales dépend donc de la richesse de l'environnement de l'apprenant. Tout ce travail se fait par le biais de nos expériences, de nos apprentissages, de notre éducation, de notre environnement plus ou moins enrichi et de nos émotions. Ces connexions répétées et stimulées seront renforcées, solidifiées ou au contraire affaiblies, voire éliminées, en l'absence de stimulation. Le cerveau s'adapte, apprend, mémorise, modifie des circuits, etc. Selon Escot C., *« apprendre c'est permettre à son cerveau de développer des connexions neuronales et les organiser en réseaux. »*

Cette découverte majeure de la plasticité cérébrale est un point important pour tout ce qui concerne l'apprentissage et l'enseignement. Les pédagogies qui **s'appuient et respectent le fonctionnement cérébral de l'apprenant** peuvent mener à la réussite des élèves. Par cette connaissance, l'enseignant n'impose plus le savoir, il suscite l'envie d'apprendre chez ses élèves.

L'apprentissage de la lecture et de l'écriture illustre bien cette plasticité cérébrale. En effet, il demande à développer de nouveaux circuits neuronaux. Il a été démontré que le toucher pouvait être un sens exceptionnel pour apprendre à lire aux élèves de grande section. Des activités multi-sensorielles ont été proposées aux traditionnels entraînements. Cet apprentissage multi-sensoriel solliciterait plusieurs réseaux cérébraux qui faciliteraient le codage, la mémorisation et le lien avec le son de la lettre à apprendre.

Pour conclure cette première partie, nous insistons sur le fait que tout apprentissage est associé à la mémorisation des informations délivrées. Sans **mémorisation** des informations, il n'y a pas d'apprentissage. Il existe plusieurs types de mémoire celle à court terme ou de travail, à long terme ou procédurale, perceptive, sémantique et épisodique. Le processus de mémorisation des données délivrées se déroule en trois étapes. **L'encodage** ou l'acquisition des informations est le processus initial de mémorisation. Le processus se poursuit avec la rétention ou **le stockage** durable des informations. Cette étape permet d'oublier ce qui a été mémorisé et de libérer de l'espace dans la mémoire de travail qui ne peut retenir que 7 items en moyenne. Il s'agit là d'une transformation ou d'une reconstruction des éléments. Au cours de l'entraînement, les associations sont importantes pour le stockage de l'information. Le stockage des souvenirs en mémoire déclarative est assuré par l'hippocampe. Et la dernière étape est **la récupération** ou l'actualisation des informations qui permet à l'apprenant de mettre en œuvre ou restituer ce qu'il a appris. Cette dernière étape est importante pour la mémorisation.

II)   La neuroéducation
II-A) Une matière hybride

L'acte de naissance officiel de la neuroéducation est marqué par le rapport « Comprendre le cerveau : naissance d'une science de l'apprentissage » de l'OCDE (2007). **La neuroéducation**, neuroscience éducative ou science de l'apprentissage, s'appuie sur un champ de recherches interdisciplinaires à la croisée des sciences de l'éducation et des neurosciences. **Les sciences de l'éducation** sont définies comme l'étude de différents aspects de l'éducation. Elles font appel à diverses disciplines et leur approche sur la thématique de l'éducation en histoire, en sociologie, en psychologie, en philosophie, en économie, en didactique des disciplines et en pédagogie. **Les neurosciences** regroupent également plusieurs champs disciplinaires. Elles sont définies comme l'étude scientifique du système nerveux et du fonctionnement du cerveau. L'avancée des neurosciences est significative depuis les années 2000. Des progrès notamment liés à l'imagerie cérébrale (IRMF) permettant de mieux comprendre le fonctionnement du cerveau. Les systèmes éducatifs évidemment sont rivés vers cette observation des mécanismes de mémorisation, d'apprentissage, pour mieux comprendre les processus cérébraux des élèves en règle générale.

Ainsi, le rapprochement de ces deux grands champs scientifiques interdisciplinaires donne naissance à cette jeune science qu'est la neuroéducation. Non seulement les neurosciences apportent à l'enseignant la preuve de ce qu'il fait de bien empiriquement et lui disent : « Vas-y ! », mais elles lui insufflent également ce qu'il ne peut ignorer pour améliorer sa pédagogie. Pour autant, elles sont présentées par les spécialistes en la matière, tels que Stanislas Dehaene ou Éric Gaspard, comme prescriptives de rien. L'objectif poursuivi est d'adapter au mieux l'enseignement aux capacités du cerveau et au fonctionnement cérébral des apprenants.

Enfin, grâce à l'IRMf, notons que cette discipline nouvelle de recherche ouvre un éventail rempli d'espoir pour rendre nos pratiques d'enseignement plus efficaces et ainsi aider les élèves à mieux apprendre en classe et leur proposer des clés pour consolider leurs apprentissages hors l'école. Répondre au mieux aux enjeux actuels auxquels nous sommes confrontés en matière d'instruction constitue un défi majeur de la neuroéducation.

II-B) Les fondements cognitifs de l'apprentissage

Selon Stanislas Dehaene (2015), les fondements cognitifs de l'apprentissage scolaire reposent sur quatre piliers identifiés par les sciences cognitives : l'attention, l'engagement actif, le retour d'information et la consolidation. L'attention, première condition d'apprentissage, est celle que porte l'élève à l'activité en classe et est suscitée par l'enseignant.

L'attention agit ainsi comme un filtre à captiver. Elle permet à l'apprenant de sélectionner des informations qu'il juge utile, de les trier de ce qu'il pense être inutile, et d'en moduler le traitement au sein de l'activité cérébrale. Ainsi, pour l'enseignant, tout l'enjeu réside dans le fait d'orienter l'attention de l'élève sur les informations importantes pour accomplir un objectif dans un futur proche. Cependant, le maître reste conscient des limites de l'attention qui ne peut se porter que sur un objectif à la fois. De plus, notons que le cerveau effacera ce qu'il perçoit comme inutile pour sa tâche dans un future proche. En effet, l'attention est sélective par nature.

L'engagement actif de l'élève sous-entend qu'on ne peut apprendre en étant passif. Il est à savoir que plus la tâche attendue se situera au juste niveau de défi d'apprentissage pour l'apprenant, plus son engagement sera actif. En d'autres termes, les conditions doivent être suffisamment difficiles pour que l'enfant fournisse un effort cognitif et s'engage dans la tâche. L'effet sera inverse si la tâche lui semble trop ardue ou trop facile.

Le retour d'information donne à l'erreur toute la place qui lui revient dans un processus d'apprentissage. L'erreur devient alors un outil pour apprendre. En effet, si la prédiction de réponse de l'élève est erronée et qu'il en reçoit l'information, la différence créera un signal d'erreur qui lui permettra de se corriger et d'améliorer sa prédiction à venir.

Il faut également préciser qu'un **algorithme d'apprentissage** s'opère systématiquement dans le cerveau. Il est composé de quatre phases : prédiction, feedback, correction, nouvelle prédiction. C'est le retour d'expérience, le retour d'information qui seul permet cette modification. L'erreur et le feedback sont essentiels au processus d'apprentissage. L'apprentissage s'arrête alors quand le retour d'information est positif. Pour autant, le stress de l'erreur pourra être vécu comme un inhibiteur de mémorisation. Il est donc certain qu'un environnement qui tolère l'erreur comme normale sera plus enclin aux progrès des élèves.

Dans ce contexte, précisons également que l'humain étant avant tout un animal social, le fait de conclure un succès par un renforcement social, tel qu'une approbation, une validation ou un encouragement, sera propice à la mémorisation des élèves.

La consolidation consiste en un transfert des réseaux conscients, demandant davantage d'efforts pour accomplir la tâche, vers des réseaux automatisés de réponses, à force de répétition de la réponse adéquate dans des situations variées.

Selon M. Gagnon[2], la notion **d'amorçage** - rencontre du même stimulus - va améliorer la mémoire de la tâche. La mémoire est alors **reconstructive.** Il précise également que **se souvenir** de quelque chose c'est reconstruire l'information dans sa tête. Étudier, c'est donc s'entraîner à reconstruire l'information. Or, nous verrons en partie III de la présente note que le moment de la reconstruction de l'information dans notre système scolaire se situe lors de l'évaluation principalement.

III) Les stratégies d'apprentissage
III-A) Pour des enseignants "neuropédagogues"

Selon Gaspard et Dehaene (2015), **annoncer** en début de séance l'objectif à court terme pour les élèves permet non seulement de donner du sens aux apprentissages à venir, mais également d'obtenir leur attention. Cette stratégie est également basée sur le fonctionnement de la mémoire de travail, qui trie les informations utiles des informations inutiles pour le travail à effectuer. Afin d'aider les élèves à réactiver cette mémorisation,

---

[2] Titulaire d'un doctorat en psychopédagogie, professeur à la Faculté d'éducation de l'Université de Sherbrooke. Ses principaux champs de recherche touchent la pratique du dialogue philosophique, le développement de la pensée critique, les rapports aux savoirs des élèves et des enseignants ainsi que la didactique de l'éthique

prévoir des rappels réguliers de ce qui est important durant la séance est également stratégique. **De plus, le retour d'information est** essentiel pour l'apprenant. L'enseignant peut donc permettre aux élèves de tester leurs connaissances et leurs compétences au fur et à mesure du cours, aux moments clés. Enfin, résumer le cours précédant pour réactiver les mémoires en début de séance présage d'une séance plus efficace en termes d'apprentissages pour les élèves.

En tant que guide pour mieux mémoriser, l'enseignant participe également à apporter des clés méthodologiques aux élèves en les incitant à relire le cours le soir même et à employer des stratégies qui favorise la mémorisation en situation de travail personnel hors la classe.

III-B) Pour des élèves tâtonnants

Comme expliqué précédemment, la mémoire immédiate est de l'ordre de la seconde. La consolidation est la façon dont la mémoire immédiate et à court terme passe à la mémoire à long terme. Elle permet le stockage d'informations sur des jours, des mois ou des années.

Gagnon évoque trois techniques populaires qui permettraient aux apprenants de mieux mémoriser :

- **la relecture** plusieurs fois pour comprendre, mémoriser;

- **le surlignage** pour augmenter les chances que le cerveau retienne, comprenne;

- **la retranscription** de notes plusieurs fois en tableau, en résumé.

Il explique que malgré l'effort par rapport au temps passé, le rendement est faible car quelques temps après l'examen on oublie ce qui a été appris. Ces techniques utilisées par beaucoup ne favorisent en rien la compréhension, la mémorisation ou la rétention à long terme de l'information. De plus, les informations apprises seront plus difficilement utilisées dans de nouveaux contextes.

Gagnon donne sa définition d'**étudier** : Pour lui, étudier, « ce n'est pas réviser jusqu'à temps que l'information rentre dans la tête. De toute façon ça ne fonctionne pas! C'est s'entrainer à reconstruire les informations à partir de sa mémoire en utilisant différentes techniques dans des délais suffisants, espacés entre chaque mémorisation, dans différents lieux, différents contextes à l'aide des bonnes techniques d'apprentissages qui sont difficiles et lentes mais performantes ».

Pour illustrer sa définition, il commence par recueillir le témoignage de collégiens qui ont participé aux expérimentations portant sur les processus d'apprentissage et de mémorisation. Cela se traduit comme suit :

- 1. « On retient les informations en classe en écoutant le professeur. On continue à la maison en reprenant les notes, les manuels du cours. »

- 2. « Puis notre cerveau retient ce que nous avons appris en classe et à la maison. »

- 3. et « C'est au moment de l'examen qu'il est évalué ce qui a été appris. »

Gagnon s'aperçoit que le moment où il y a réellement apprentissage n'est pas connu. Il est convaincu qu'il est nécessaire d'expliquer aux apprenants les processus d'apprentissages pour qu'ils puissent apprendre plus efficacement car cela fait près de cent ans d'études scientifiques montrant que c'est justement lors de l'examen que le véritable apprentissage se fait. Il poursuit en expliquant que la mémoire n'est pas un endroit où l'on dépose tout simplement dans un tiroir, un récipient les informations auxquelles nous sommes confrontées. Ce qui justifie la vision de stratégies.

Gagnon aborde ensuite d'autres variables : **le lieu et le temps** Il indique qu'elles peuvent favoriser une mémorisation efficace des pratiques. Pour démontrer l'incidence de **la variable temps sur la mémorisation**, il s'appuie pour cela sur l'étude de Rohrer et Taylor (2006).

Sur un temps court, l'apprentissage de 10 minutes par bloc répété et rapproché ne permet pas de mémoriser, d'apprendre. Sur un temps plus long, l'apprentissage de 10 minutes de ces mêmes blocs répétés mais espacés dans le temps est plus efficace. Le temps doit être long car cela permet d'**oublier** entre les moments d'apprentissage. Ce qui rend le deuxième moment d'apprentissage plus difficile que dans le temps condensé, mais c'est justement à ce moment qu'on reconstruit. Ainsi, **l'oubli** est un atout pour l'apprentissage et l'entrainement de la mémoire. Pour bien apprendre, il faut se donner le temps d'oublier. C'est après avoir oublié que l'on apprend réellement.

En ce qui concerne l'incidence de **la variable du lieu sur l'efficacité de la mémorisation,** il s'appuie sur **l'étude de Smith, Glenberg et Bjork (1978).** Celle-ci porte sur apprendre à résoudre dix types de problèmes mathématiques dans un même lieu et dans des lieux différents.

L'expérimentation décrite ci-dessous concerne deux groupes:

Groupe 1 : Il effectue un apprentissage en bloc des 10 types de problème, l'un après l'autre sans espacement, sans oubli.

Groupe 2 : il effectue un apprentissage de 5 types de problème puis des 5 autres types de problème à 24h d'intervalle.

Cet apprentissage est suivi d'un examen. Il est observé que le groupe 2 qui avait espacé son apprentissage dans le temps et effectué dans des lieux différents obtient un meilleur score que le groupe 1. L'espacement crée une difficulté désirable pour mémoriser: associée à un lieu différent, la difficulté en est augmentée.

Gagnon préconise donc la mise en place d'un emploi du temps d'organisation de l'apprentissage prenant en compte ces recommandations. Il est en effet nécessaire d'organiser son temps d'apprentissage à l'aide d'un emploi du temps qui espace les apprentissages pour « oublier » tout en variant les lieux.

Pour Gaspard également, des astuces facilitent la mémorisation et les transmettre aux élèves, en, leur permettant de les expérimenter, constituerait un avantage pour les aider à mieux apprendre.

Ces clés dépendent de la nature des informations à retenir, mais la stratégie d'apprentissage met systématiquement l'apprenant en situation de restructuration des informations:

- un cours contenant une quantité de texte importante peut être restructuré par l'élève en carte mentale;

- la comparaison de ce qui a été retenu avec ce qui ne pas l'est pas pour cibler les apprentissages en vue d'une évaluation;

- l'association émotionnelle d'un évènement personnel est également une stratégie à expérimenter pour l'élève. La répétition permet de renforcer les informations mémorisées, pour les tables de multiplications par exemple.

Pour illustrer les techniques d'apprentissages efficaces, à l'instar de Gaspar, Gagnon s'appuie sur des situations expérimentales dont il décrit les passations ou protocole et en s'appuyant sur différentes études:

- Reconstruction de la mémoire à l'aide d'indice (étude Cross et Karpicke, 2014)

Trois groupes vont lire un texte. Les membres de ces groupes seront interrogés 1 semaine plus tard sur ce qu'ils en auront retenu.

Groupe 1. Les membres du groupe lisent plusieurs fois le texte.

Groupe 2. Ils lisent en prenant des indices

Groupe 3. Ils lisent en prenant des indices et testent leur mémoire à l'aide des indices

Les mêmes groupes à qui on a posé des questions sur la même lecture sans aucun lien avec les indices produits. Tester sa mémoire avec des indices permet de se souvenir de l'information mais elle permet aussi d'être capable d'utiliser l'information pour résoudre des nouveaux problèmes. On peut estimer que le 3° groupe a compris ce qu'il a lu.

- L'étude de Roediger et Karpicke (2006)

Trois groupes ont 28 minutes pour mémoriser le sujet. Ils le feront de trois manières différentes.

Groupe 1: Les membres du groupe répètent 4x7 minutes l'étude du sujet à mémoriser.

Groupe 2: Ils répètent 3x7 minutes l'étude puis effectue durant 7 minutes un examen pratique par le biais de cartes questions/réponses.

Groupe 3: Ils mémorisent le sujet en 7 minutes et pratique durant 3x7minutes un examen pratique l'un à la suite de l'autre. Un examen sur le sujet étudié est proposé 1 semaine plus tard. Pour l'examen pratique il est nécessaire de produire des questions en lien bien sûr avec le contenu à mémoriser. Les questions peuvent être également données par le professeur ou prises dans les manuels.

- L'étude de Blunt et Karpicke (2011)

Quatre groupes étudient un texte.

Groupe 1. Étudie une seule fois le texte.

Groupe 2. Étudie plus longtemps et révise le texte.

Groupe 3. Utilise le texte pour faire une carte mentale.

Groupe 4. Étude le texte et abandonne le texte et teste sa mémoire

Une semaine après on obtient lors de la restitution les résultats suivants.

- L'étude de Rohrer et Taylor (2006)

Deux groupes vont réaliser des cartes mentales. Le premier s'appuiera sur les notes de cours pour les réaliser et le second les réalisera sans les notes. Un examen des connaissances aura lieu une semaine plus tard. Ceux qui auront réalisé leurs cartes mentales sans leurs notes, obtiendront un meilleur score.

- Les échanges entre ami-e-s sur les sujets à apprendre

Deux personnes échangent par un jeu de questions/réponses à l'oral sur ce qu'il faut retenir pour réussir l'examen. Ici il est important de savoir sur quoi portera l'examen pour que les questions soient pertinentes et aident véritablement à la mémorisation sans induire en erreur les individus concernés.

En conclusion, si les découvertes en neuroéducation ne sont prescriptives en rien, on peut cependant admettre qu'elles apportent la preuve du fonctionnement de la mémoire et des apprentissages en général.

Ces apports permettent d'élaborer des pistes pédagogiques pour les enseignants, pistes qui restent à expérimenter dans le contexte de la classe et de l'environnement socio-culturel de chaque établissement.

Note administrative inédite Prépa concours 2018

L'enfance en danger en Nouvelle-Calédonie

<u>SUJET :</u>
Vous êtes rédacteur territorial au sein du service de l'état civil de la commune X. Votre directeur vous demande de rédiger à son attention, exclusivement à l'aide des documents joints, une note sur la prise en compte, par le droit, de l'enfance en danger et de sa protection.

Liste des documents :

- ***document 1 :*** Contrôle et suivi de l'assiduité scolaire *(ac-noumea.nc)*, septembre 2016 *(5 pages)* La prévention de l'absentéisme scolaire constitue une priorité absolue qui doit mobiliser tous les membres de la communauté éducative. Chaque élève, qu'il soit soumis à l'obligation scolaire ou qu'il n'en relève plus, a droit à l'éducation, un droit qui a pour corollaire le respect de l'obligation d'assiduité, condition de la réussite scolaire. La présente circulaire, prise en application des textes en vigueur cités en référence, vise d'une part à définir les règles communes à tous les établissements, d'autre part à préciser la place respective de leur action et de celle des services du vice rectorat. Afin d'assurer la qualité et la cohérence de l'intervention de l'établissement, dans un premier temps, la présente circulaire doit être diffusée aux premiers intéressés : conseiller principal d'éducation et assistant de service Social. En un second temps, sa mise en œuvre devra être communiquée à l'ensemble de la communauté éducative.

- ***document 2 :*** Un conseil pour se mobiliser sur la famille (gouv.nc) – article du 30 mars 2017 *(2 pages)* Le gouvernement a adopté un projet de délibération relatif à la création du conseil calédonien de la famille. Cet organe consultatif doit instaurer un espace de dialogue entre les différents partenaires de la politique de la famille et être également force de proposition. La membre du gouvernement met notamment en avant le secteur de la petite enfance et des nouvelles formes de familles – recomposées, monoparentales, adoptantes… – qui ont des impacts sur la vie quotidienne des collectivités et des personnes.

- document 3 : Le Conseil de la famille passe à l'action (gouv.nc), 15 mars 2018 *(3 pages)* Créé en août 2017, le Conseil calédonien de la famille (CCF) doit instaurer un espace de dialogue entre les différents partenaires de la politique familiale. Organe consultatif, il peut être aussi force de propositions ce qu'entend bien mettre en pratique son président, Christopher Gygès. *« La volonté du gouvernement est de travailler en collaboration avec les représentants des collectivités, mais aussi et surtout avec les associations, pour faire du CCF une véritable instance d'action »*, a indiqué le membre du gouvernement.

- document 4 : Famille de cœur famille d'accueil *(province-sud.nc)*, 21/06/2017 *(5 pages)* Chaque année, la province Sud se voit confier des enfants et des adolescents qui, au sein de leur famille, connaissent des difficultés pouvant les mettre en danger. De nombreuses familles accueillent déjà près de 150 enfants, mais c'est encore insuffisant. C'est pourquoi la Province lance une grande campagne pour trouver de nouvelles familles d'accueil au grand cœur. L'assemblée de la province Sud a voté le 31 mars, une délibération relative aux placements familiaux des mineurs relevant de l'aide sociale à l'enfance. *« Ce texte datait de 2003 et n'était plus en adéquation avec la réalité »* souligne Cécilia Waheo, directrice-adjointe de la DPASS. *La nouvelle délibération porte l'intérêt de l'enfant au centre du dispositif et répond à des questionnements, notamment sur les attentes de la collectivité envers les familles d'accueil. Ce texte valide également un certain nombre de points pour garantir la qualité des familles d'accueil notamment au niveau du recrutement. »*

- document 5 : Un plan pour lutter contre les violences faites aux enfants, Le Monde, 28 février 2017 *(2 pages)* La ministre des familles, Laurence Rossignol, lance une série de mesures pour mieux repérer et prévenir les cas de maltraitance. *«Sortir les violences faites aux enfants de l'invisible et de l'indicible. »* Tel est l'objectif de la ministre des familles Laurence Rossignol, qui va annoncer, mercredi 1er mars, le premier plan interministériel consacré à ce sujet. Pour expliquer ce lancement en fin de mandature, elle met en avant l'expérience acquise à la tête de son ministère, où elle a été nommée en février 2016, qui réunit les familles, l'enfance et les

droits des femmes (qualifié à l'époque de triptyque rétrograde par certaines féministes).

- **document 6 :** « Enfants au cœur des séparations parentales conflictuelles » - Extrait du rapport défenseure des enfants, 2008 *(3 pages)* Le maintien des relations personnelles entre l'enfant et chacun de ses parents est avant tout un droit de l'enfant. Même s'il n'est pas encore formulé dans la loi comme un véritable « droit de l'enfant », le droit au respect et au maintien des relations personnelles de l'enfant avec chacun de ses parents découle de l'article 373-2 al. 2 du code civil qui prévoit une obligation importante, mise à la charge des parents : « chacun des père et mère doit maintenir des relations personnelles avec l'enfant et respecter les liens de celui-ci avec l'autre parent ».

- **document 7 :** Extraits du Mémoire : « Les agressions sexuelles chez les enfants et les femmes en Nouvelle Calédonie. Rôle du médecin généraliste en situation isolée. » par le Docteur Catherine LEREBOURS-GBOYAH (2009), Université Paris Descartes faculté de médecine *(8 pages)* La Nouvelle Calédonie est un pays où le taux de violences envers les femmes et les enfants est élevé parmi toutes les ethnies avec des proportions différentes en fonction de type de violence perpétrée. Le contexte historique et culturel explique ce phénomène ainsi que les représentations et le sens donné à ces actes. Mais l'évolution de la société calédonienne ces dernières décennies donne la possibilité aux femmes et aux enfants victimes d'agressions sexuelles d'être reconnus comme des victimes et d'obtenir réparation dans le droit français.

Note : La prise en compte de l'enfance en danger et de sa protection, par le droit

A l'attention de :   M. le directeur x

Service y

Textes règlementaires :

- référence du texte de loi

- référence du texte de loi

Face aux constats alarmants de violence en Nouvelle-Calédonie, des mesures législatives nouvelles ont été mises en place afin de mieux protéger les enfants en danger. Quelles sont-elles aux niveaux législatif, scolaire ? Quelle garantie d'une famille d'accueil de qualité pour ces jeunes ? Tous les ans, la Province Sud se voit confier des enfants et des adolescents qui au sein de leur famille connaissent des difficultés pouvant les mettre en danger.

Dans ce contexte, la présente note nous amène à comprendre le droit de l'enfance en danger et le droit de sa protection.

Pour ce faire, tout d'abord, nous ferons état de l'enfance en danger (I) au travers des constats (I-A) et des moyens de préventions (I-B). Ensuite, nous considérerons la prise en compte par le droit (II), en métropole (II-A) et en Nouvelle-Calédonie (II-B).

I/ Enfance en danger : constats et moyens de prévention

I/A- Constats

Dans le cadre de son mémoire de recherche sur les agressions sexuelles chez les enfants et les femmes en Nouvelle-Calédonie, le médecin Catherine LEREBOURS-GBOYAH (2009) nous explique le rôle des médecins généralistes en cas de suspicion d'agression sexuelles sur mineurs notamment.

Selon l'étude, le constat est sans appel. La Nouvelle-Calédonie est un pays où le taux de violences envers les femmes et les enfants est élevé parmi toutes les ethnies. 18% des femmes sont sexuellement agressées avant l'âge de 18 ans. 7% des Kanak, 4% des autres ethnies. Avant 18 ans 60% des viols perpétrés par un membre de la famille se répètent plusieurs fois. 14% des femmes interrogées sont victimes d'inceste avant l'âge de 15 ans. 12% issues du grand Nouméa, 16% aux îles et 17% dans le nord et le sud rural.

L'adoption majore deux fois plus d'agression sexuelle par un membre de la famille quelle que soit la communauté d'appartenance. En NC, l'adoption est un moyen de renforcer les alliances ou d'exprimer une solidarité clanique. Elle sert à normaliser la situation des enfants nés hors mariage, des unions moins stables. Ces situations augmentent depuis ces dernières décennies. Les agressions sexuelles touchent une fillette sur 6, surtout chez les filles adoptées. Les viols affectent plus les fillettes et adolescentes de moins de 15 ans dans la communauté Kanak (Document 7).

En 1992, l'association SOS violences sexuelles présidée par Marie Claude TJIBAOU encourage l'accompagnement des victimes et incite les dénonciations. En 1996, SOS violence sexuelle constate 45 viols pour 100000 habitants. Les victimes sont majoritairement issues des provinces des îles et du nord. Sur 90 nouvelles victimes, 75% étaient âgées de moins de 18 ans et 1/3 des moins de 10 ans. C'est l'explosion des procédures de signalement des enseignants, des soignants, des dénonciations à l'association SOS violences sexuelles. Les dénonciations d'agressions sexuelles augmentent, mais la victime se trouve précarisée dans son milieu social et familial car elle n'est pas soutenue. Des coutumiers se déplacent dans un foyer de Nouméa pour que l'adolescente se rétracte. On signale un refus des témoins de venir au tribunal pour témoigner lors d'un procès. Les parents soignent traditionnellement la victime car c'est la dénonciation. Celle-ci s'éloigne de son village pour punition d'avoir parlé (Document 7).

En NC, le médecin généraliste est le seul recours aux soins possibles. Les agressions sexuelles sont une urgence médico-légale. Les patients refusent d'aller dans les centres de référence. Sans réquisition, la victime est un enfant accompagné par un parent, une infirmière scolaire, une sage -femme, un enseignant, un assistant social suite à des révélations ou lorsque des agressions sexuelles sont suspectées. La victime est une jeune fille qui vient pour recevoir des soins après une agression plus ou moins ancienne. Avec une réquisition, la victime dépose plainte. L'examen est une urgence si les faits sont récents. Un signalement au procureur pour des enfants révélant des agressions sexuelles ou la maltraitance physique et/ou sexuelle est suspectée par l'entourage médical, social et scolaire. La réquisition est l'acte par lequel une autorité judiciaire procède à un acte médico-légal et ne peut être différée (Document 7).

I/B- Moyens de prévention

Après le contrôle et suivi de l'assiduité scolaire du vice rectorat, une circulaire est adressée aux directeurs de lycées et de collèges le 25 août 2016. Cette note vise à définir les règles communes à tous les établissements. Chaque établissement doit assurer la qualité et la cohérence de l'intervention. Le règlement intérieur de l'établissement précise les modalités de contrôle de l'assiduité et les conditions dans lesquelles les absences des élèves sont signalées aux responsables. Selon la délibération n°106 du 15 janvier 2016 relative à l'avenir de l'école calédonienne, la prévention de l'absentéisme scolaire constitue une priorité absolue mobilisant tous les membres d'une communauté éducative. Il est important de rappeler que les motifs d'absences réputés légitimes sont les suivants : la maladie, la maladie transmissible ou contagieuse d'un membre de la famille, la réunion de famille, empêchement résultant de la difficulté accidentelle des communications, absence temporaire des responsables légaux lorsque les enfants suivent. La circulaire n°2004-054 du 23 mars 2004 prévoit une réglementation de fournir des certificats médicaux lors d'un retour en classe ou d'un justificatif d'absence délivré par la famille (Document 1).

Le conseil calédonien de la famille aborde tous les aspects de la politique familiale, de l'enfance jusqu'à la vieillesse. Créé en août 2017, il comprend dix- sept membres issus des institutions et des associations du secteur et est présidé par le membre du gouvernement en charge du secteur ad hoc. Trois thématiques de travail prioritaires définissent cet organe consultatif : la petite enfance, le « bien vieillir » et la protection de l'enfance. Cet organe consultatif instaure un espace de dialogue entre les différents partenaires de la politique de la famille et est force de propositions. La structure permet de coordonner et d'aborder cette politique selon deux missions essentielles. D'une part d'animer le débat public sur la politique familiale pour en proposer les principaux objectifs et leur hiérarchisation. D'autre part, il émet des recommandations, des avis et suggère des réformes. L'enjeu est de lister les thématiques à avancer et de fixer des priorités. Le conseil invite d'autres intervenants afin d'apporter leur expertise. Le conseil publie chaque année un rapport d'orientation et d'activité (Documents 2 et 3).

La protection des enfants en danger est aujourd'hui une mission essentielle. Elle s'inscrit dans une évolution plus générale du droit liée à la protection juridique des personnes dites vulnérables.

II/ Prise en compte de l'enfance en danger

II/A- En métropole

Le maintien des relations entre l'enfant et chacun de ses parents est un droit de l'enfant : celui du respect et maintien des relations personnelles de l'enfant avec ses parents découle de l'article 373-2 al. 2 du code civil : « chacun des père et mère doit maintenir des relations personnelles avec l'enfant et respecter les liens de celui-ci avec l'autre parent ». Selon l'article 371-4 du code civil le droit d'entretenir des relations personnelles avec ses ascendants recouvrant les grands-parents dans la jurisprudence. Les situations où la résidence de l'enfant est fixée chez l'un des parents. De nombreuses réclamations illustrent les difficultés plus ou moins importantes rencontrées entre certains parents pour maintenir une co- parentalité malgré la séparation. Maintenir les liens avec l'enfant c'est aussi un devoir, un droit pour l'enfant. Un parent qui ne maintient pas les liens avec son enfant entraîne des situations douloureuses et difficiles à prendre en charge. Toutefois la jurisprudence indique le droit de visite et d'hébergement s'analyse comme un devoir pour le parent. L'article 1382 du code civil donne lieu à réparation. Les difficultés et leur souffrance, des parents deviennent parfois aveugles à la souffrance et aux besoins de l'enfant et n'ont pas conscience que le maintien des relations personnelles de l'enfant avec chaque parent est déterminant pour son équilibre et son développement. Or, les relations de l'enfant avec chaque parent sont parfois réductrices comme l'exercice du droit de l'autre. L'enfant a besoin des deux parents pour grandir et construire. La CIDE énonce dans l'article 9 al.3 un droit de l'enfant séparé de ses deux parents ou de l'un des deux d'entretenir régulièrement des relations personnelles et des contacts directs avec ses deux parents (Document 6).

Sortir les violences faites aux enfants de l'invisible et de l'indicible. Tel est l'objectif de la ministre des familles Laurence Rossignol. Les violences faites aux femmes sont sorties de l'invisibilité. Les violences exercées sur les enfants viennent bouleverser lors d'un drame. Faire un signalement serait faire de la délation. Si un enfant est en souffrance notre devoir à tous est de l'aider. 400 à 800 décès de mineurs de moins de 15 ans sous les coups de leurs parents. Soit environ deux morts par jour. Obtenir un décompte de la justice et de la santé. Le numéro 119 destiné au grand public intitulé « Enfants en danger ». L'objectif est d'amener tout le monde à penser l'impensable. A savoir que la famille peut être un lieu de violences. La loi fait l'obligation de signaler une situation en danger vécue par un enfant ou un jeune. Que ce soit un danger immédiat ou de violences psychologiques, de carences éducatives, ou de négligences graves (Document 5).

II/B- En Nouvelle-Calédonie

L'absence des élèves : lorsqu'un élève ne se présente pas en cours, il convient d'en signaler l'absence sous certaines conditions susmentionnées. Si les absences se prolongent ou se renouvellent, l'établissement envoie un courrier de mise en garde ou d'avertissement. La procédure doit s'appliquer à l'ensemble des élèves, y compris ceux qui ne sont plus soumis à l'obligation scolaire - dont les plus de 16 ans et post bacs placés sous autorité. Au bout de 10 demi -journées d'absences injustifiées dans le mois, l'établissement signale les élèves concernés au service de vie de l'élève et de la promotion santé en milieu scolaire du vice rectorat. La remontée des signalements dans SIGNABS devra s'effectuer avant le 5 de chaque mois suivant. Le mois concerné par les absences et l'absentéisme constitue un thème central du comité d'éducation à la santé et à la citoyenneté (Document 1).

Conformément à la circulaire n°2000-105 du 11 juillet 2000, une sanction d'exclusion temporaire est prise à l'égard d'un élève. Elle est accompagnée de travaux d'intérêt scolaire réalisés à l'intérieur de l'établissement. Cette période ne doit pas être pour l'élève un temps de déscolarisation afin d'éviter toute rupture avec la scolarité (Document 1)

La radiation d'un élève est une mesure exceptionnelle qui ne peut intervenir qu'après un déménagement, une décision d'exclusion définitive du conseil de discipline, un changement d'établissement sur le territoire de la Nouvelle-Calédonie, en accord avec l'établissement d'origine, l'établissement d'accueil et la famille, une orientation ou une réorientation, un départ volontaire pour l'élève de plus de 16 ans (Document 1).

Sur décision de justice, le placement a pour objectif d'offrir un cadre sécurisant et favorable au développement de l'enfant, le temps que sa famille réunisse les conditions permettant un retour à domicile. Pour offrir un cadre personnalisé et affectueux, la province Sud recrute de nouvelles familles d'accueil dans toutes les communes. Elle compte près de 77 familles d'accueil dont 67 en activité mais cela semble toujours insuffisant pour répondre aux besoins des enfants ou des jeunes. La structure familiale offre un cadre adapté aux enfants nécessitant un besoin d'écoute et de soutien. Aujourd'hui 200 enfants sont placés par décision de justice. 150 vivent dans les familles d'accueil. La DPASS encourage les familles d'accueil à suivre les formations basées sur la communication bienveillante et efficace, elles sont essentielles pour apprendre à faire face à des situations qui peuvent s'avérer parfois difficile avec les jeunes placés sous leur responsabilité (Document 4).

En conclusion, le contexte culturel des victimes est très important à connaître pour identifier les besoins de protection et les accompagner tout au long du parcours judiciaire.

Pour que notre société progresse vers une éducation sans violence, les châtiments corporels, notamment la fessée, sont en débat au Parlement. Cependant, si l'interdiction d'exercer des violences et châtiments corporels sur les enfants a certes été écartée par le Conseil constitutionnel le 26 janvier 2016, le travail de sensibilisation au travers d'un livret de conseils envoyé aux parents par les caisses d'allocations familiales sera poursuivi (document 5).

PRESENTATION DE L'AUTEURE

Vanessa NICOL, Ingénieure en formations (Master 2, 2016-2017)

Formatrice IFAP Cadres A / A+ / Ingénieurs 1er et 2ème Grades (2018), **Formatrice Prépa concours** (depuis 2016) , **Fondatrice de Prépa concours** (2016), **Auteure pédagogique** (depuis 2015) , **Conseillère en politique éducative** au sein des institutions de la Nouvelle-Calédonie (2009-2015), **Professeure des écoles** (2002-2009).

www.prepa-concours.nc

www.amazon.fr

VANESSA NICOL

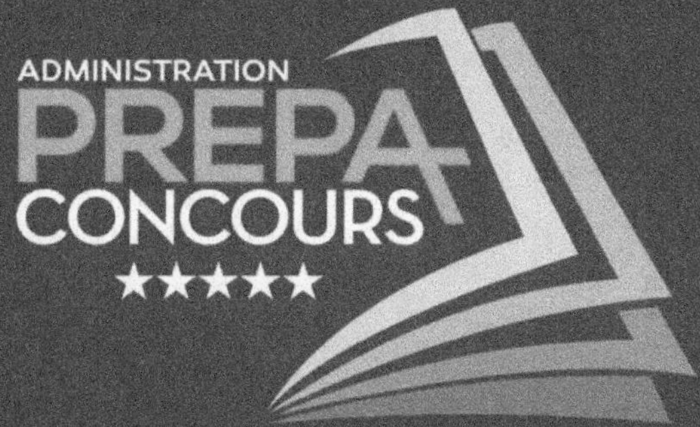

CULTURE GÉNÉRALE & ENJEUX SOCIAUX CONTEMPORAINS

PRÉPARATION AUX CONCOURS
DE L'ADMINISTRATION GÉNÉRALE
EN NOUVELLE-CALÉDONIE

CATÉGORIES A, B ET C

FORMATION ADMINISTRATION

ÉDITION 2016-2017

AUTRES OUVRAGES DE LA MEME COLLECTION

www.ingramcontent.com/pod-product-compliance
Lightning Source LLC
Chambersburg PA
CBHW052040150726
48002CB00002B/694